第二次世界大战时期的
德国空军发展史
LUFTWAFFE
The Illustrated History of the German Air Force in WWII

〔英〕约翰·平洛特（John Pimlott）◎著
于仓和◎译

中国市场出版社
China Market Press

图书在版编目（CIP）数据

第二次世界大战时期的德国空军发展史 / (英) 平洛特 (Pimlott,J.) 著；于仓和译. —北京：中国市场出版社, 2014.10

书名原文: Luftwaffe : *The illustrated history of the German Army in* WWII

ISBN 978-7-5092-1295-0

Ⅰ. ①第… Ⅱ. ①平… ②于… Ⅲ. ①第二次世界大战－空军－军事史－德国 Ⅳ. ①E516.9

中国版本图书馆CIP数据核字(2014)第187241号

This new edition of *Luftwaffe* published in 2014 is published by arrangement with Amber Books Ltd. Originally Published in 1998 by Amber Books Ltd.

Published by China Market Press.

著作权合同登记号：图字 01－2014－5000

出版发行	中国市场出版社		
社　址	北京月坛北小街2号院3号楼	**邮政编码**	100837
出版发行	编 辑 部（010）68034190		读者服务部（010）68022950
	发 行 部（010）68021338　68020340　68053489		
	68024335　68033577　68033539		
	总 编 室（010）68020336		
	盗版举报（010）68020336		
邮　箱	1252625925@qq.com		
经　销	新华书店		
印　刷	三河市宏凯彩印包装有限公司		
规　格	170毫米×230毫米　16开本	**版　次**	2014年11月第1版
印　张	14	**印　次**	2014年11月第1次印刷
字　数	280千字	**定　价**	58.00元

目录

第一章

成长的阵痛

第一次世界大战战败及其所带来的《凡尔赛条约》的限制，意味着纳粹在创建一支现代化空军时面对着不少令人感到担心的任务，但欺瞒和决心带来了惊人的丰硕成果。

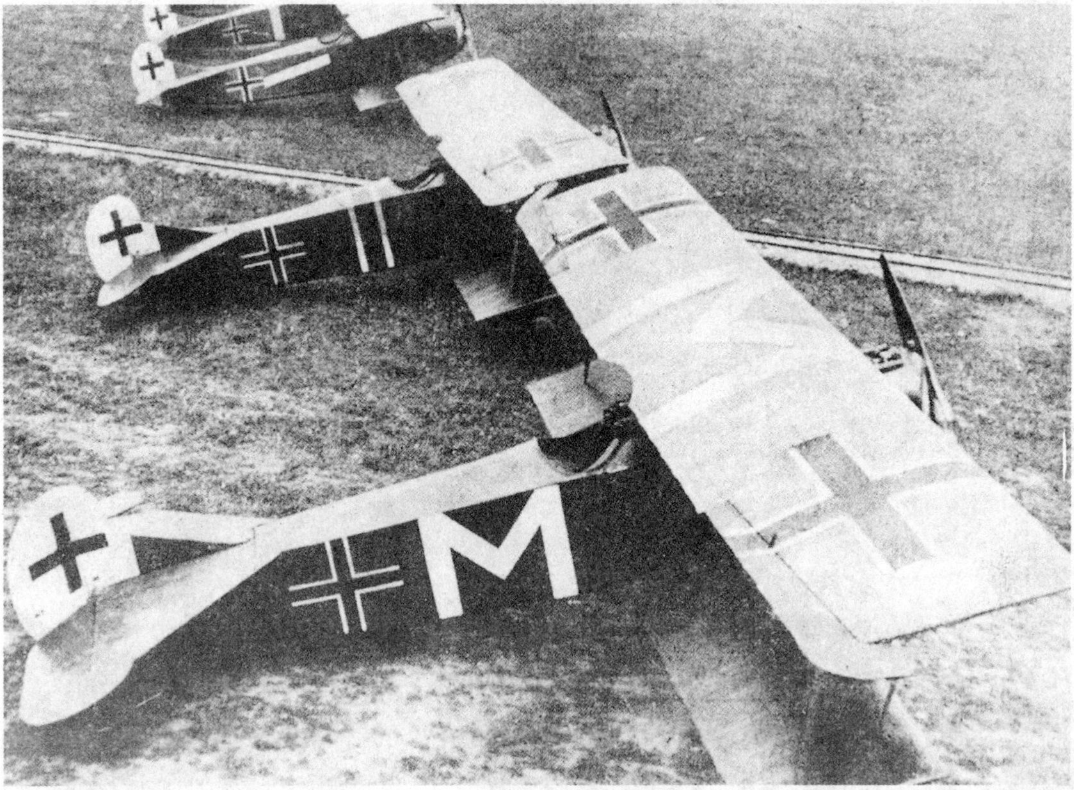

公元1918年11月11日，经过长达4年代价高昂却一无所得的战争后，随着法军、英军还有愈来愈多的美军从西边步步进逼，而革命狂潮也从东边蔓延开来，很明显地战争已经慢慢进入尾声，德国别无他法，只得接受休战。对协约国来说，他们下定决心要防止德国复兴，休战的条件十分严苛，特别是有关德国空中武力的部分更是如此。根据《凡尔赛条约》（Versailles Treaty）第四条，德国的1700架战斗机和轰炸机必须在完好无缺的状态下投降，当中包括所有的福克D.VII战斗机和整个夜间轰炸机

↑图为根据1918年11月的休战协定，一个中队的福克D. VII单座战斗机排列整齐，准备接受检查。福克D. VII在当时是一款可怕的战斗机。

←←图为1938年，阿道夫·希特勒在德国国会发表演说，坐在他上方的是赫尔曼·戈林，就是这两个人要为德国空军大幅扩充的决定负责。

↑图为1937年，航空国务秘书艾尔哈德·米尔希（中）与来访的法国空军官员合影。虽然米尔希因为被戈林认为是竞争对手而使其影响力日趋衰落，但是他仍然被公认为是德国空军的真正缔造者。

↑这张照片与上方照片是在同一天拍摄，中间穿便服且个头较矮的人是恩斯特·亨克尔（Ernst Heinkel）博士，在他身后的是第一次世界大战时的空战王牌恩斯特·乌德特（Ernst Udet），他在战争期间曾获颁功绩勋章（Pour le M é rite），这两个人都在德国空军的早期发展中扮演重要角色。

↑图为一名机械工人正在一架德国单翼机上工作，很可能是福克-沃尔夫公司设计的机型。对20世纪30年代中期初生的德国空军来说，为了满足空勤人员的需要，他们在生产作业储备训练用机方面拥有优先权，而当飞机制造厂全力满足此一需要时，无疑会使得引入更复杂机种的时间往后延。

↑荷兰生产的福克D.XIII战斗机是第一次世界大战德国的第一款战机。D.XIII的动力来源是一具授权生产的英国纳皮尔（Napier）引擎，是设于苏联利佩茨克的秘密训练基地内最常使用的飞机，协助训练出在未来派上用场的飞行员和观测员，讽刺的是他们在1941年6月参与了对苏联的战役。

→赫尔曼·戈林是好大喜功的德国空军领导人，也是希特勒在纳粹党内的密友。他是第一次世界大战时期的空战王牌，在1918年“红男爵”阵亡之后领导知名的里希特霍芬“马戏团”，并且曾因作战英勇而获颁功绩勋章。然而他在第二次世界大战时期担任空军领导人时，被认为相当软弱。

↓图为1935年，一架亨克尔He 51A单座战斗机正准备起飞。He 51在1933 年夏季首度试飞，是一款坚固耐用的飞机，但旋即证明已经过时，特别是在该机投入西班牙内战的时候。到了1939 年，此型号飞机大部分都已被降级为训练机。

队。到了1918年12月12日，在柏林成立的新共和政府宣布其已经应允，但根据协约国方面的记录，总计只有区区416架陆上飞机和58架水上飞机投降，这是德国方面一种言行不一的范例，并且随即变成常态。尽管当时德国的航空军（Luftstreitkraft，德国陆军的航空和防空兵种）在1919年1月正式解散，德军部队在清单上仍拥有9000架飞机，并且无意温顺地牺牲其空中作战能力。

德军用了几个方法巧妙地规避休战条款。当德国因为社会动荡而不振时，陆军就以复员士兵为基础组织了志愿军

（Freikorps）部队，与逐渐渗透的共产党势力对抗，并且派遣空中作战部队支援。当局大约编成了35支志愿军飞行中队，配置了250~300架的飞机，用来对德国境内的居民空投宣传单，甚至是炸弹。后来威胁虽然减弱了，但这些飞行中队依然得以保留，并被并入新组成的共和国军［Reichswehr，也就是魏玛共和国（Weimar Republic）时期的陆军］之中；同一时间，政府也大力提倡民用航空，支持运用战时飞机在德国境内运送邮件的业务，而许多飞机制造厂仍持续生产，以满足在休战之前就接获的订单，看起来《凡尔赛条约》第四条的限制已经失败了。

《凡尔赛条约》的条款

1919年6月28日，当德国代表团在巴黎参与和约谈判并被迫签署会中提出的《凡尔赛条约》各条款时，整体情势就十分严峻了，协约国的态度变得更加强硬：德国境内所有的军用飞机生产作业都被禁止，并且勒令德国政府在3个月内交出所有空军武器装备。当局企图以组织飞行队支援民间警察的方式来掩盖空中作战的力量，但依然失败。这主要是因为协约国没收德国的民用飞机，直到德国政府屈服为止。德国被

↓尽管披着民用的外衣，德国空军依然开始慢慢发展成形。这张照片摄于1936年柏林的坦普霍夫（Tempelhof）机场，前方是一架容克Ju86客机，后方则停有数架Ju52和一些轻型飞机。这两款容克的飞机都可以轻易地改装成轰炸机，而Ju52在第二次世界大战时期被广泛使用。

↑图为在1935年的一场纳粹党集会上，德国空军的高射炮手们正在表演操作技能。这款高射炮是新发展出的Flak18（Flugabwehrkanone, Flak）高射炮，在性能更佳的Flak36出现之前只有少量生产。

允许拥有的140架民用飞机，旋即成为唯一可在国内飞行的飞机，并且在速度（每小时169千米）、最高升限（3962米）和航程（200千米）等方面严重受限，飞机工厂因此纷纷关门大吉，员工也成为冗员，德国的航空工业实际上已无法存活。

规避条约

但德国人并没有就此放弃。到了1942年，德国陆军参谋长汉斯·冯·席克特（Hans von Seeckt）将军已确定要在共和国军内保留一部分空军军官（3800名军官当中有180名获准留下），并指派恩斯特·布兰登堡（Ernst Brandenburg）上校担任交通部航空办公室主任，因此制造了民用航空和武装部队间的紧密联结。除此之外，官方也大力支援新兴的滑翔机运动，许多未来德国空军（Luftwaffe）的“空战王牌”就通过政府支持，借由在1920年成立的德意志航空运输协会（Deutschen Luftfahrt-Verbande. V），获得生平第一次飞行经验。

当中具有更重要意义的是德国和苏联发展军事关系。德国和苏联都担忧波兰的威胁，并且因为两国都处于国际上的“贱民”状态而被迫结合在一起，以回应广泛的仇恨和猜忌。1922年4月16日签署的《拉帕罗条约》（*Treaty of Rapallo*）使柏林和莫斯科间的关系正常化，其合作基础是苏联需要德国的技术，而

↑图为在一场训练演习中，德国空军的士官通过测距仪估算容克Ju 52运输机的飞行速度和高度。尽管这种工具已经过时，但炮手们学到的技能在不到4年的时间之后就会派上用场。

→当德国空军的建制逐渐公开后，其首要任务就是训练帝国未来的空勤人员。如图，穿着德国空军制服的年轻干部怀着满腔热忱，专心地聆听空中导航课程，这门科目在未来的战役里可以说是举足轻重。

德国需要训练设施以回避协约国的监视；双方于3年后签署了一项协定，允许德国人在莫斯科西南方483千米处的利佩茨克（Lipetsk）建立一座空军基地，而德国制造的福克D.XIII 战斗机就被秘密运送出境。到了那时，容克（Junkers）飞机制造公司已经在莫斯科南边的菲利（Fili）设立了一座工厂，意图为苏联人和利佩茨克（Lipetsk）基地生产该公司自行设计的飞机。到头来容克飞机工厂的设计是一场失败，但训练德国飞行员的任务——当中包括“老鹰”（参与进修课程的战时军官）和“小鹰”（“菜鸟”飞行员）确实协助德国军事航空继续蓬勃发展。利佩茨克基地持续运作直到1933年，到了那时已有超过120

→图为一架阿拉度Ar 95双座浮筒式水上侦察兼鱼雷轰炸机，其配备两挺自卫用机枪，并可挂载一枚鱼雷（如图）或炸弹进行攻击。Ar 95不是一款成功的飞机，因此生产数量较少。

名飞行员从该基地结业。他们接受的训练内容特别着重在对地面单位的密接空中支援上（根本没有培训轰炸机飞行员），但这一机会被用来试验新装备和训练地勤人员，结果这是一项成功的大胆计划。

其间，协约国也开始解除一些《凡尔赛条约》施加于德国的限制，一部分原因是出于德国“表面上的”顺从，另一部分则是对被庞大赔偿压得喘不过气而濒临崩溃边缘的德国经济做出反应（德国付出大笔赔款给战胜国以赔偿战争带来的损失）。此举在民用航空的领域最为明显，因为《凡尔赛条约》并未采取任何措施来防止从1918年起即已如雨后春笋般出现的民间航空公司。汉莎航空公司（Lufthansa）在1926年1月6日成立，刚开始时拥有162架飞机。在担任运营主管（后改任商务主管）的艾尔哈德·米尔希（Erhard Milch）管理下，这家新航空公司一步步茁壮成长，积极拓展新航线，使其晋身为欧洲航空公司的领导者。许多汉莎航空公司的飞行员之后将会加入空军，而商业航空的存在使得米尔希能够对德国各飞机制造厂发号施令，建造更现代化的客机，包括三发动机的容克Ju 52。事实证明，当军事上的需要出现时，客机改装为轰炸机或运输机以供军方使用并不是一件太难的事。

组织空军

重建德国军方航空部队也就是空军的计划在20世纪20年代末期已经有良好的进展了。共和国军的参谋人员在严格保密的状况下作业，他们已经预料到陆军会有扩充的一天（《凡尔赛条约》限制德国陆军数量只能有10

↓图为1936年时的福克-沃尔夫Fw 56史托瑟式（Stösser）战斗机。Fw 56是一款运作灵活且线条流畅的飞机，可装备一挺或两挺机枪，并被用于早期的俯冲轰炸试验中。

↑阿拉度Ar 68是最后一款进入德国空军服役的双翼战斗机。早期的机身十字图样指出这张照片摄于1938年，但Ar 68在这个时候已经是过时机种。

万人），而空军各部队也将包括在内。在1929—1930年由“华尔街大崩溃”引发的经济大萧条使得许多最初的构想束之高阁，但基本的计划依然存在，其目标是要成立新和平时期的陆军航空军（Luftstreitkrafte des Neuen Friedensheeres）。此计划在1933—1934年间展开，实力约为150架第一线飞机和50架后备飞机。它们将会组成22个中队（Staffel），当中有13个中队被指派进行侦察任务，6个是战斗机中队，剩下3个则是轰炸机中队。很明显地，其企图是对地面部队进行密接支援，并强调提供空中之“眼”以及运用战斗机保护那些“眼”，因此投掷炸弹的能力十分有限。此外，轰炸目标将经过明确挑选以提高地面部队的能力，在作战和战术层级削弱敌军，而不是攻击敌国城市或内陆的工业基地。这些计划在1932年8月10日获得官方批准，5个月之后，阿道夫·希特勒（Adolf Hitler）就被任命为德国总理。

希特勒因此承接了一支尚处于萌芽状态的空军，但他的崛起并掌权无疑给德国空军提供了急需的政治和财务支持。在1933年2月正式就职总理的几个小时内，这位纳粹领袖就指派他的亲密战友赫尔曼·戈林（Hermann Göring）担任帝国航空运输专员（Reichskommissar für die Luftfahrt），并认为戈林在第一次世界大战时期身为战斗

↑图为容克Ju 87的第三款原型机V3，编号为DUKYQ，其海鸥翼造型清楚可见，是第二次世界大战欧洲战场上熟悉的景象。与早期的原型机相比，V3拥有改良过的尾面，飞行员的视野也较佳，但基本设计已经成形了。

机“王牌飞行员”的经验对未来的发展不可或缺。然而戈林热衷于政治活动，因此大部分创建空军的任务就落在艾尔哈德·米尔希（Erhard Milch）身上，他在1933年时离开汉莎航空公司，转任航空运输国务秘书（Staatssekretär der Luftfahrt），在纳粹党内阁投票通过而拨款的4000万帝国马克（在1933年时约合950万美元）经费的帮助下创建德国空军。这样的财政重点支持只是开端而已，之后投入德国空军发展的经费将会稳步增加；到了1936年，德国国防预算当中超过38%的金额都将被用在扩充空军实力上。

米尔希的计划

米尔希是一位经验老到的生意人，曾经管理过大笔的预算。他就任国务秘书后发布的第一道命令就是生产战斗机和轰炸机，以改善境况不佳的航空工业，并建立生产线。这些早期设计的机型只是临时应急产品，当中包括亨克尔（Heinkel）He 51双翼战斗机、Ju 52改装轰炸机，不可避免地，还有大量训练机，不过一旦1933年5月做出的政治决定要正式将德国空军公之于世时，他需要一些可以向全世界展示的东西。在当时，米尔希的计划是生产出多达51个中队的空军部队，第一线飞机的力量将有600架（当航空工业的产能扩充后随即增至1000架），但他不可能就此打住。他开始在全德国境内建设现代化的空军基地，并大量设置无线电和视觉导航系统，以及良好的通信和气象设施。一旦第二次世界大战开始，总计多达36

→图为1936年，梅塞施密特Bf 109战斗机的第四款原型机V4。V4是此款飞机首度配备安装于引擎上的机枪的型号，因此其螺旋桨整流罩的外形被大幅缩短。

座的航空站将被证明具有无可取代的价值。

但问题也跟着出现了，当中最关键的问题就是德国飞机制造业在经过长达14年的刻意忽视后呈现的萎缩状态。在1933年时，8座广泛分散的工厂只雇用了不到3500人。虽然纳粹政权对空军武力的兴趣随即导致了扩张（到1936年中期时雇用了将近12.5万人），但如此的扩张速度却削弱了效能。训练航空工程师和工匠需要花费很多时间，更不用说建立可进行量产的工厂了。虽然从书面上来看成果相当丰硕，但航空工业能做的却十分有限。希特勒在1933年9月坚持空军应配置2000架飞机并无助于整体局势（他承认这一庞大机队的潜在价值在于威吓盟国应允接受修改《凡尔赛条约》），而负责空军事务的各领导人间的恶劣关系

→图为全战时涂装的梅塞施密特Bf 110B远程驱逐战斗机。当它投入作战时，表现令人失望，但在成为夜间战斗机后却有较佳的表现。

↑容克Ju 88快速轰炸机的第6架原型机V6公认是一系列量产机型的先驱。本张照片摄于1940年，这架特别的飞机配备经过改良的发动机，装有四叶螺旋桨以及一具位于机首下方的气球缆绳割断器，但气球缆绳割断器的构想并没有持续太长时间。

也是一样。戈林很快开始猜疑米尔希，将他当成竞争对手，虽然空军指挥办公室主任华特·韦佛（Walter Wever）将军是位很称职的中间人，然而他在1936年5月坠机身亡，使得双方的不和日渐增长。虽然戈林最后成为胜利者，但此一摩擦却对德国空军的长期目标没有什么帮助。

这些事件并没有阻止空军扩张。当工厂费劲地生产He 51之类的老旧机型时，米尔希便鼓励发展下一代的战斗机，这些飞机当中有一部分已经展开设计图绘制的工作，或已经进入制造原型机的阶段。制造中型快速轰炸机的需求计划书早在1932年7月时就已经发布，刚开始伪装成一款新型客机，而这将产生两种机型，即都尼尔（Dornier）Do 17和亨克尔He 111，但其他的飞机就都是全新设计了。

新机型设计

当中最重要的一款就是梅塞施密特（Messerschmitt）Bf 109战斗机，于1935年9月进行试飞；另一款是容克Ju 87

→图为1935年，希特勒在一场纳粹党集会上举手致敬，而他的副手，左下方的鲁道夫·赫斯（Rudolf Hess）正对着相机镜头微笑。希特勒坚持把现代化的德国空军作为说服和遏制的工具，此举虽然确保了发展资金的供应，却不太能弥补多年来的忽略。

重型俯冲轰炸机，其以“斯图卡”（Stuka）之名闻名于世［Stuka是德文俯冲轰炸机（Sturzkampfflugzeug）的缩写］，它在同年进行试飞。事实上，空军注重斯图卡俯冲轰炸机显示了空军计划人员愈来愈偏爱俯冲轰炸机，而不是水平轰炸机，他们感觉前者针对部队集结处或通信网络之类的定点目标可能会更加准确。这无疑是真实的，而全欧洲很快就将畏惧斯图卡的威名，而它也确实分散了发展所谓“乌拉尔轰炸机”（Ural Bomber）所需的资源，此发展计划用来对远程敌军目标进行战略打击。德国空军也许已经将重点摆在密接空中支援、切断敌军补给与通信线路，和精选的关系到敌军空中作战能力的目标（包括飞机制造厂在内）等准则上，但早在1936年时就可以很明显地看出来，不是所有方面都能够或将可以被满足。因此，德国空军已经是一支潜在不均衡的部队。

但这对德国在欧洲的对手

来说并不明显，当德国空军的规模日渐扩大时，他们密切注意其发展，心中的恐惧不断增加。1934年3月1日，希特勒仅能依赖手头上区区77架第一线飞机（当中只有27架轰炸机和12架战斗机），不过一旦工厂的生产能力恢复，以及同等重要的征兵制恢复，就各方面来看，德国空军便蓄势待发了。到了1935年8月1日，德国空军的机队规模成长到1833架（包括833架轰炸机和251架战斗机）；在不到一年的时间里，这个数目就达到可怕的2680架（包括超过1000架轰炸机和700架战斗机）。

这是一股有力的威慑力量，就像1936年3月7日希特勒公开撕毁《凡尔赛条约》，并派遣部队进入莱茵兰（Rhineland）非武装区（在空中掩护下）时显示的那样。盟国没有采取任何行动阻止他，希特勒在上台仅仅3年后，就已经缔造了一支看起来将会威胁到现代社会最基本结构的空军，毕竟当1000架轰炸机飞向大城市和工业基地时是无法阻挡的，它们投掷的炸弹和毒气将会使数以千计的人伤亡。当然外界的观察家们无从得知德国空军准则明确禁止“恐怖轰炸”的事实，他们唯一能够目睹的就是德国集结起来的各飞行中队和欧洲各国本身显然微不足道的防御能力。当德国空军张牙舞爪展现其实力时，尽管不是针对他们，但仅在一场差不多席卷整个西班牙的内战中，他们的恐惧将会随之增加。

←德国空军相当重视宣传的价值。在1938年一场纳粹党集会上的威慑性阅兵节目中，德国空军用双翼战斗机以带钩十字队形飞过会场上空。德国就是用这样的景象说服潜在对手相信其已经拥有一支现代化且高效率的空军。在20世纪30年代末期，这样的景象传递了以下事实：到了1937年，德国空军已配备1000架战斗机和700架轰炸机。相较之下，当战争于1939年爆发时，英国只有不到1700架作战飞机，而法国只装备了550架战斗机和400架轰炸机。

第二章

西班牙试验场

德国空军从很早的时候便介入西班牙内战，以测试新的空战战术和新型飞机；当战争在1939年结束时，德国空军拥有了由技巧高超和作战经验丰富的人员所组成的核心。

↑图为1937年，一架隶属于第88轰炸大队的早期型亨克尔He 111，正对西班牙境内一处共和军目标投下炸弹。

←←图中这名意气风发的飞行员于1937年时在西班牙服役，从这张照片可以看出德国空军刚找回的信心。

西班牙内战（The Spanish Civil War）于1936年7月展开，当时何塞·桑胡尔霍（Jose Sanjurjo）将军和艾米利奥·莫拉（Emilio Mola）将军在马德里（Madrid）针对刚赢得大选的社会党政府发动军事政变；同一时间，弗朗西斯科·佛朗哥（Francisco Franco）将军以政变领导人的名义夺取了西属摩洛哥（Morocco）的殖民地。不幸的是，佛朗哥无法迅速地将他的部队运回本土以防止政府反扑。西班牙在几天之内就宣告分裂，叛军（也就是国民党）守住大部分北部地区，还有塞尔维亚（Seville）和加的斯（Cadiz），而政府军（被称为共和党）仍握有马德里、西班牙东部和南部，以及北部巴斯克（Basque）地方的政权。双方的

→图为效忠佛朗哥将军的西班牙国民党部队官兵正在西属摩洛哥的一座机场上等待，准备稍后登上旁边的两架容克Ju 52运输机。这两架飞机很可能是刚开始时希特勒提供的，在1936年7月底负责将佛朗哥将军的部队运往战区，这是德军介入西班牙内战的开始。

血腥对抗态势一触即发。双方阵营都向外界寻求援助，共和党向苏联的社会主义者求援，国民党则向德国和意大利等法西斯政权求援。刚开始时，希特勒唯恐自己看起来太过热心，因为他害怕英法同盟出现，但当7月20日一架汉莎航空的Ju 52被叛军虏获，被用来载送路易斯·欧加兹（Luis Orgaz）将军从加那利（Canaries）至特图恩（Tetuen）时，一切就木已成舟了。当桑胡尔霍将军死于空难后，莫拉更是不顾一切地寻

↓图为一架西班牙国民党军涂装的都尼尔Do 17F-1高空侦察机正准备起飞。

←图为1938年，容克Ju 87B斯图卡俯冲轰炸机准备攻击西班牙境内一处共和军据点。斯图卡在西班牙被证明是一款特别有效的武器，当其呼啸着俯冲而下攻击敌军部队时，可瓦解他们的士气。

求援军；佛朗哥承诺用飞机派遣麾下部队，但手头上只有6架飞机可用。7月24日，一名国民党阵营密使飞往柏林向希特勒请求协助，力陈对抗西班牙境内逐渐壮大的苏联影响力的需要。两天后，希特勒同意提供Ju 52，加上战斗机护航，将部队运过直布罗陀（Gibraltar）海峡，以避免邻近海域共和党海军船舰的干扰。米尔希在“密集火力”（Feuerzauber）的代号下负责组织此次空运行动。

德国的首次空运

空运行动于7月28日展开，两架经过匆忙改装的Ju 52运输机从摩洛哥飞往塞维利亚

←图为一架在西班牙服役的隶属于第88轰炸大队的亨克尔He 111B的机首图案。这个特殊的标志是一个经过特殊手法处理的字母E，由“飞行炸弹”的图案构成［可能是代表西班牙（Espana）］，表示这架飞机隶属第3中队。右边的小三角形标示机上燃料的辛烷值。

↑图为在一架容克Ju 87B斯图卡的机翼下，炸弹整齐地排列着，它们会被挂在位于机翼下方标志内侧正好可以看到的挂架上。注意绘在起落架轮罩上非写实的猪［外号为“优兰特”（Jolanthe）］。

（Seville），每趟载运35人，在第一周内，光这些飞机就载运了1207人加入国民党部队的行列，接着在第二周又载运了1282人。到了那时，德国空军的主力包括9架Ju 52运输机、6架He 51战斗机、20门Flak30 20毫米高射炮和超过100名人员，他们已经在德国境内准备就绪，在8月的第一周内由海路前往塞维利亚。此次历史上首次空运持续至1936年10月11日，到了那时，总计868架次的飞行已运送了13900人和274吨的装备。如果没有德国人协助的话，佛朗哥很可能就无法介入西班牙本土的战局，从而使莫拉孤立无援，陷入战败险境。

一开始，德国空军并未获得授权进行战斗任务，但飞行员们迅速地被卷入战斗中。早在8月13日，两架改装成轰炸机的Ju 52就攻击了共和党的战舰“海梅一世”号（Jaime I）；11天后，由德国飞行员驾驶的He 51战斗机护航由西班牙人驾驶的Ju 52轰炸机，对一座位于赫塔费（Getafe）的空军基地进行空袭。德国飞行员于8月25日宣称首度获得战斗机的空战胜利，使希特勒不得不接受此一不可避免的事实，他于3天后批准德方人员可以从事战斗任务，使得佛朗哥将军在挥师冲出塞维利亚并占领安达卢西亚（Andalusia）部分地区且威胁马德里时，可以充分运用空中支援。托雷多（Toledo）于1936年9月27日落入国民党部队手中。

到了1936年秋季，德国人已在西班牙境内部署了146架飞机，并编成自己的组织，随即便以艾伯哈特大队（Gruppe Eberhardt，包括14架He 51战斗机）和摩瑞奥大队（Gruppe Moreau，共有20架Ju 52和2架用于侦察的亨克尔He 70F）之名为人所知。他们的部署方式倾向于“救火队”，依照情况需求从前线的某一地点赶往另外一地点，到了10月时就已经疲于奔命。希特勒对此的反应是将这支部队进行更有系统的编组，最后结果就是闻名于世的“秃鹰兵团”（Legion Kondor）。在1936年年底，秃鹰兵团包括了一个轰炸机大队和一个战斗机大队（jagdgruppe），还有侦察机、密接支援机（kampfgruppe）和高射炮队支援，由胡戈·施佩勒（Hugo Sperrle）将军指挥，到了此一阶段时已有120架飞机和大约5000人，这样的兵力投入相当可观。

但秃鹰兵团并没有立即享受到成功的果实。初期的轰炸空袭行动未能摧毁共和党部队在马德里周围的防务，有一次还误击了等待进攻的国民党部队。同一时间，共和党部队由于取得了苏联供应的战斗机和飞行员，开始拥有空中优势，像波利卡波夫（Polikarpov）I–15“塌鼻子”（Chato）和I–16“苍蝇”（Mosca），它们护航图波列夫（Tupolev）ANT–40SB小喀秋莎（Katyushka）轰炸机进行攻击。He 51战斗机随即显示出其无法招架苏联飞

↓图为数架亨克尔He112B单座战斗机当中的一架，它们被运至西班牙进行测试任务，尽管其表现相当可靠，但德国空军并没有采用He112，他们较偏好梅塞施密特的Bf 109。

→图中这些秃鹰兵团的成员穿戴着西班牙制服和徽章（包括相当不协调的飞行员翅膀和皇室王冠的标志），负责训练盟友驾驶德制飞机。为了掩盖德国介入西班牙内战的事实，因此当局采用西班牙的制服。

机，且没有可靠的战斗机护航，而Ju 52轰炸机就得从日间轰炸转为夜间轰炸，对于准确度和冲击性都有不可避免的影响。到了1937年2月时，秃鹰兵团看起来无疑遭受到痛击。

→图为1941年时的维尔纳·莫德士（Werner Molders），此时他已经晋升至上校，并获颁骑士级铁十字勋章加橡叶、宝剑与钻石徽饰。当他在西班牙领导第88战斗机大队时，设法精进了“四指”战术队形，到了1941年7月，他已拥有115架的击落数。

新飞机在西班牙

因此最急切的需求就是更现代化的战斗机。到了1937年年初，早期型的Bf 109和Ju 87就在西班牙进行战场测试，但要获得数量可观的量产型号还得等上一段时间。其间，在德国，较佳的轰炸机已经出厂了，使得秃鹰兵团能够重新配备Do 17E、He 111B和首批Ju 86D轰炸机。它们在3月9日时于西班牙境内进行首次攻击；在数周之内，16架匆忙组成的Bf 109B机队也抵达西班牙，与Do 17P一同进行长距离侦察，这已经足以遏止灾难了。

新飞机的投入反映在国民党军事行动的活跃上，尤其是在北边的巴斯克（Basque）地区。攻势于1937年3月21日展开，国民党部队开始朝毕尔巴鄂（Bilbao）推进，但主力是在

←图为1937年，采用国民党部队涂装的第88海上侦察中队（See-Aufklarungsstaffel）亨克尔He 59B-2鱼雷轰炸和侦察水上飞机正从西班牙南部沿海的任务中返航。他们为了支援佛朗哥将军的部队，于1936年11月展开作战。

10天后打击共和党部队在欧恰恩迪亚诺（Orchandiano）周围的防御阵地，在这一过程中秃鹰兵团的轰炸机击中了杜兰戈（Durango），造成约250名平民死亡，以及可能高达两倍的人员受伤，这是即将来临的悲剧的前兆。正当共和党部队渐渐退回防卫毕尔巴鄂的“铁环”时，他们的防线会聚在格尔尼卡（Guernica）村，当地的公路和铁路跨越欧卡（Oca）河。4月25日，秃鹰兵团的侦察机报告在格尔尼卡村内外发现大批敌军正在移动，德军指挥官沃尔弗拉姆·冯·里希特霍芬（Wolfram von Richthofen，他是第一次世界大战期间空战王牌“红男爵”的亲戚）将军便批准出动轰炸机进行空袭；下午稍晚时，26架轰炸

←图为秃鹰兵团的成员一边唱歌，一边行军通过一座西班牙城镇。由最前方的人右边口袋上的“翅膀”可以看得出来，他是一位无线电操作员。

↑在西班牙，秃鹰兵团时常在这种典型的简单条件下作战。这条滑行道就这样暴露在大自然和敌军空中攻击下，暗示着国民党部队目前握有制空权。这架飞机是早期型的亨克尔He 111轰炸机，正等待挂载炸弹。

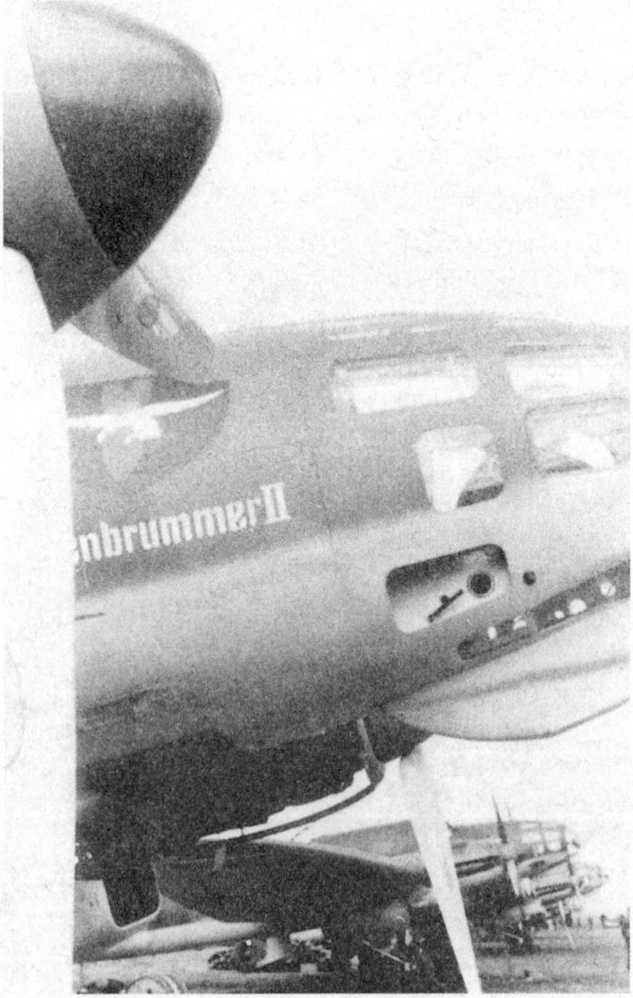

→图为亨克尔He 111B轰炸机排列整齐，准备接受检阅，时间很可能是在1938年时准备离开德国前往西班牙服役之前。最前方飞机机身上的“鹰与盾”标志显示这架飞机隶属第88轰炸大队第4中队。亨克尔He 111B可携带超过1363千克的炸弹。

机（大部分是Ju 52）在16架战斗机的护航下对该村投下56吨炸弹，造成严重破坏，死亡人数达1000人（平民死伤特别严重）。

格尔尼卡的效应

当空袭的消息传开时，国际社会对于“野蛮”战争方式的谴责声浪就滚滚而来，西班牙艺术家巴勃罗·毕加索（Pablo Picasso）据此事件创作了一幅令人无法忘怀的画作《格尔尼卡》，以确保人们对格尔尼卡事件的记忆可以长存于世；而空袭本身也被广泛认为是代表空中力量能够以及将要达到的事。尽管里希特霍芬宣称是针对敌军部队

←图为1938年，一架亨克尔He 111B轰炸机空袭共和军阵地前，地勤人员正进行准备工作。第一批亨克尔He 111于1937年年初抵达西班牙。

集结点此类合法的目标进行攻击行动，然而德国空军具备高作战效率的声誉不胫而走。其他欧洲强权注意到格尔尼卡事件带来的冲击，他们对德国的恐惧因此加重。希特勒在1938年时善用此种恐惧气氛，强行兼并奥地利并占领捷克斯洛伐克部分土地。万一英、法果真介入，而德国的回应是对易受攻击的城市进行轰炸的话，不论是英国还是法国都不认为自身已经强大到可冒险与德国对抗。

新空中战术

同一时间在西班牙，秃鹰兵团持续协助国民党部队，随着经验的增多发展出更有效的空中战术。举例来说，当巴斯克人退回"铁环"内时，He 51战斗机的飞行员就完善被称为"锁链"（cadenas）的对地攻击技巧。随

←图为1937年，一架隶属于第88轰炸大队第2中队的亨克尔He 111B（由机尾标志可以得知）正飞向其目标，本张照片由僚机拍摄。

→图为在莫德士的国民党部队涂装的梅塞施密特Bf 109B座机方向舵上，共有15个胜利记号，每一个记号都代表一架在战斗中被他击落的敌军飞机。

着抵达西班牙的Bf 109战斗机的数量愈来愈多，He 51战斗机就从战斗机的任务转型，每架都挂载4枚10千克重的炸弹，再加上一具可抛弃式油箱，当它掉落在地面上时会开始燃烧；最多每9架飞机组成一个群作战，飞行员们在低空飞行以搜索地面目标，接着在看到长机的信号后投下炸弹，然后回转并对敌军低空扫射，直到弹药用罄为止。就是靠着这样的对地攻击战术，国民党部队才能在1937年6月19日攻占毕尔巴鄂。

秃鹰兵团旋即转移到马德里前线，当地的共和党部队正在展开一波攻势。此处的敌军空中抵抗经证明比北方还要更激烈（在7月12日在空战中损失第一架Bf109战斗机），但新战术使国民党部队渐渐地占据上风，他们在损失8架飞机后，于7月18日宣称夺得了制空权。到了此时，秃鹰兵团极度需要休整和重编，但佛朗哥将军坚持利用主动权，在8月底转过头回到北方以攻下桑坦德（Santander）。之后，此举就成为准则：在相距甚远的不同位置上进行连续攻势，派出大部分秃鹰兵团的轰炸机、战斗机和对地攻击机造成敌军混乱并挫败其士气。德军持续赢得令人注目的胜利：1938年2月7日，秃鹰兵团的战斗机攻击由12架小喀秋莎轰炸机组成的编队，一举击落10架而自身全无损失。但此时他们的压力也开始愈来愈明显了。有些秃鹰兵团的飞行员一天要进行7次飞行任务，时常处于骇人的状况中。唯一的安慰是德国空军在许多情况下正开始训练出愈来愈多的国民党部队飞行员，以缓和此一紧绷的压力。

→→图为都尼尔Do 17F侦察机的机组人员正和站在右边的军人讨论即将执行的任务。虽然侦察任务很少遇到抵抗，但任何军事行动都会有压力，从飞行员（中）的脸上可以看得出来。

↑图为1939年6月6日，特别受邀而来的宾客齐聚柏林，一起在精心策划的胜利大游行中向回国的秃鹰兵团战士致敬。

国民党部队如此逐步自给自足的态势使得秃鹰兵团得以渐渐缩减规模，但之后还是发生了几次激烈的战斗。到了1938年6月，当时佛朗哥将军正向阿拉贡（Aragon）推进，秃鹰兵团的战斗机部队看起来相当弱不禁风（30架Bf 109当中只有16架可以服役），而He 51战斗机即使担任对地攻击的任务也变得愈来愈老旧不堪，相当危险，此外高射炮部队也筋疲力尽，无法继续作战了。虽然此时开始的奥地利和捷克危机把希特勒（德国空军也是一样）的注意力分散到其他地方，但他仍持续派出替补人员。1938年7月至10月间，秃鹰兵团只能投入70架飞机支援沿着埃布罗（Ebro）河的作战，结果被敌军击毁10架。此一机会也被用来对更新型的飞机进行战场测试，包括Bf 109E、He 111J和亨舍尔（Henschel）Hs 126A，而Ju 87斯图卡俯冲轰炸机也早在1938年2月时执行了首次俯冲轰炸任务。但很明显地，秃鹰兵团的重要性正日渐衰落。1939年2月6日，当佛朗哥将军向加泰罗尼亚（Catalonia）挺进时，秃鹰兵团进行了最后一次飞行任务。3月26日，共和党部队接受战败的事实，交出马德里并投降。

1939年5月22日，秃鹰兵团在西班牙举行最后一次正式校阅，4天后5136名官兵带着超过711吨装备和大部分剩余的飞机搭船返回德国，他们为自己从1936年7月以来达到的成就感到骄傲。在这段时间内，他们宣称摧毁了386架敌机（当中313架是在空战中击落），自身损失了232架飞机（当中只有72架是遭敌军摧毁）；此外，秃鹰兵团的飞机投掷了21337吨的炸弹，这对国民党部队最后的胜利有不小贡献。然而令人遗憾的是，秃鹰兵团共有226人牺牲。

不可避免地，德国空军吸取到了宝贵的教训。给人留下最深刻印象的就是一旦德国部署二代机之后将会具备的优势：Bf 109已经被证明比几乎所有型号的共和党部队战斗机更优异，Ju 87也因为能够瓦解敌军士气而声名大噪（特别是一旦飞机和炸弹上安装汽笛和警报器以增强噪音的强度时），而现有支持阻绝打击轰炸机的论点也获得有效强化，一个结果就是德国空军的计划人员更加注重轰炸机的生产，加速发展快速轰炸机（Schnellbomber，最后的成果就是Ju 88）以及远程护航战斗机（也就是已经部署的梅塞施密特Bf 110）。有人对轰炸机摧毁地面目标的能力表达了一些怀疑，例如准确度经常是个问题，而炸弹的威力也不是特别强大，且Bf 109之类战斗机的武装很明显有待加强；但从整体来看，这些都是相当正面的教训。

同一时间，战术也变得更精进，范围从对地攻击的“锁链”到“四指队形”战斗机战术，在当中各对僚机于空中战斗时相互提供灵活支援。后者由维尔纳·莫德士（Werner Molders）发展至完美，当时他在西班牙指挥第88战斗机大队，而这也突显出此次战役中另一个同样有力的好处：到了1939年时，德国空军就有了一批技巧熟练且身经百战的指挥人员，他们即将在更激烈的战役中接受考验。西班牙内战不再只是一场战争的“预演”，在这场战争中看到德国空军达到效能的巅峰，然后因为敌军的压力而衰弱，这非常具有戏剧性。

↑1939年6月，刚从西班牙回国的秃鹰兵团官兵穿着崭新的制服，在汉堡举行的胜利大游行中行军经过赫尔曼·戈林面前。

↓图为1939年6月6日，在柏林举行的胜利大游行中，希特勒青年团团员高举椭圆形牌子，每一块牌子上面都写着一位秃鹰兵团阵亡官兵的姓名。

第三章
闪击战

在德国发展出的闪击战理论当中，空军是一个不可或缺的重要元素，而这一理论于1939—1940年间接受考验，结果获得了令人难以置信的成功，德国空军可说是无役不胜。

早在希特勒成功攫取捷克斯洛伐克后没多久，也就是1939年4月时，德军就已对入侵波兰的“白色方案”（Fall Weiss）展开准备工作。德国空军准备在陆军野战军团直取华沙（Warsaw）时直接给予支援，阿尔贝特·凯塞林（Albert Kesselring）将军的第1航空军团（Luftflotte）将协助费多尔·冯·博克（Fedor von Bock）将军的北方集团军从波美拉尼亚（Pomerania）切断波兰走廊抵达但泽（Danzig），并穿过东普鲁士（East Prussia）朝华沙挺进；亚历山大·勒尔（Alexander Lohr）将军的第4航空军团则会在格尔德·冯·伦德施泰特（Gerd von Rundstedt）将军的南方集团军从西里西亚（Silesia）和斯洛伐克（Slovakia）向东北方向进攻时

↑图为1940年5月10日，在接近阿姆斯特丹史基浦（Schipol）机场的郊区内，一栋房屋在空袭中倒塌。这类毁灭行动的目的是重挫敌人士气并进行干扰。

←←图为1939年9月波兰战役期间，一架容克Ju 87斯图卡发动机全速运转，减速板全开，汽笛鸣声大作，接着飞行员松开机身中心线挂架，翼下的炸弹就朝着目标直冲而下。

↑图为1939年9月，德国空军地勤人员等待登船，准备前往一座波兰港口。到了波兰之后，他们的任务就是修筑并保卫机场，也要负责维修飞机。

↑图为在波兰战役期间，一架都尼尔Do 17P侦察机的飞行员和机枪手在驾驶舱中的照片。照片中的人很清楚地对着镜头摆出姿势，因此很可能不是在执行任务的时候拍的。

↑图为1939年9月，当一座波兰机场上的晨雾逐渐散去时，一名德国空军的卫兵正在看守两架容克Ju 87斯图卡俯冲轰炸机。驾驶舱前方的白色十字标志是波兰国防军使用的识别符号。

给予支援。

德国空军的侦察任务在7月时展开，其目标是辨识波军的机场，准备进行“毁灭性打击”，一举歼灭波兰空军并取得制空权。一般来说拥有空中自由的那方将会立即获得好处，比如可以观察敌军配置、呼叫“飞行炮兵”支援、切断敌军部队的支援、通过空运手段进行再补给以及阻止敌军采取相同的行动。由于波兰空军在1939年时只有不到1900架飞机（包括预备机队）可供运用，德国空军则可投入2152架德国飞机和30架斯洛伐克飞机，当中大部分都是现代化且经过实战考验的机种，因此实现此一任务的机会看起来相当高。

白色方案于1939年9月1日清晨展开，这场空中战役并没有一个很好的开始，因为尽管德国空军集结其轰炸机对波军机场进行先发攻击，但大部分的飞机都由于晨雾密布无法起飞而留在原地。到了中午，只有5个或6个大队已执行任务，空袭了华沙周围事先选定的机场，却发现波兰空军的大批机队已经疏散了。尽管如此，在缺乏安全保证的情况下，德国空军进行了几次密接空中支援

↑图为1939年9月在波兰，德国空军的军械士正在努力工作，为即将进行攻势作战的梅塞施密特Bf 110远程战斗机作准备。在把弹带装进容纳4挺7.9毫米口径机枪主武装的机鼻内之前，要经过仔细检查，这是一项费力的工作。

攻击，而德军地面单位旋即开始深入波兰西部。

德国空军建立空中优势

结果此举成为接下来几天内的作战模式——德国空军的轰炸机攻击波军机场，但只摧毁相对来说数量较少的敌军飞机，而Hs 123则负责支援陆军。不过到了9月3日，戈林自信满满地宣布已经取得空中优势，而为了回应戈林，凯塞林和勒尔将军都将任务重点转移至攻击波兰陆军，切断其交通和补给线上。德国空军获得了部分成功，举例来说，他们在9月2日至5日间攻击波兰的铁路系统，导致波军交通阻塞，接着再加以无情轰炸。此外，波军第13师实际上在开赴前线的途中就在半路上被消灭，而克瑞索瓦（Kresowa）骑兵旅也在下火车时遭到痛击。同一时间，德国空军持续攻击波军机场，扰乱其支援单位，阻碍了波兰空军总体效能的发挥，数量不足且老旧的波军飞机就逐渐被消灭了。到了9月5日，德国空军发现已经没有值得攻击的目标了。

地对空联系问题

但德国空军在战役中不是没有发生问题。虽然里希特霍芬麾下的“斯图卡”俯冲轰炸机证明了它们的价值，协助摧毁装甲部队先锋前进路线上的波军防务，但空中与地面之间十分缺乏协调，因此导致了一些错误。举例来说，9月8日，正当第1装甲师的坦克准备横渡维斯杜拉（Vistula）河时，斯图卡俯冲轰炸机突然来袭，在他们面前将桥梁炸毁。同样意义重大的是，德国空军的支援单位应在一天之内搭火车前进约8千米以建立新机场和通信站，却突然发现落后于推进行动达该距离5倍之遥，此状况造成的一个结果是燃料短缺，进而减少了可进行的出击次数，因此只得用Ju 52运输机来运送汽油罐至前进机场。

即便如此，德军仍以闪电般的速度向波兰内陆挺进，而且一旦苏军根据与希特勒在前一个月签订的条约内容，于9月17日加入进军行列后，波军无法阻止灾

难发生，对最终战败几乎可以说是无能为力。德国空军于9月25日对华沙进行一波空袭，其目的是落实希特勒对于这座城市应由德军部队而不是苏军占领的坚持，最后，此次行动瓦解了任何支撑抵抗行动的力量。当波兰空军的残部飞往中立的罗马尼亚、匈牙利和拉脱维亚时，波兰政府便下令中止军事作战，此时，德国空军已有285架飞机被击毁，279架严重受损，759名人员阵亡或失踪，而得到的回报是其作为德国战争机器中一支无情且有效的力量的名声日益提升。

这样的名声在西方可以说是无价之宝，尽管英国和法国已经在9月3日对德国宣战，但当波兰战役进行时，此一名声协助阻止了任何来自西方对德国本土的攻击。伦敦和巴黎的政治家们对于德国空军对大城市展开空袭都相当恐惧，并相信对此类行动无法进行适当防御，因此一直小心翼翼，限制本国空军部队只能在德国境内空投传单，或是攻击北海上的航运。盟国空军在后者中遭受了惨重的损失，举例来说，在1939年12月18日，一支由24架英国皇家空军（Royal Air Force, RAF）威灵顿式（Wellington）轰炸机组成的机队中，有14架被击落，全都是 Bf 110双引擎战斗机的杰作，所以此次出击仅仅增强了欧洲各国对于德国空军战力原本就已存在的恐惧。这对德方来说也是恰到好处，因为波兰战役已经使戈林麾下的空勤人员筋疲力尽，而弹药库存也几乎耗尽。

↑如同图中这架被击落的亨克尔He 111P轰炸机所显示的，德军在波兰也不是一路顺遂。在这张照片中可以发现，这款飞机在西班牙内战之后进行了一些设计上的修改，最值得注意的是镶满玻璃的机鼻。

↑照片中是1937年，一架战前涂装的亨舍尔Hs123A单座俯冲轰炸机兼密接支援机。1939年，Hs 123A仍跟着德国空军在前线服役，波兰战役时隶属第4航空军团。尽管其很明显地已经老旧不堪，但在进行对地攻击任务时仍获得些许成功。

“黄色方案”的计划

然而希特勒并不会因为现有的成功而满足。早在9月27日，他就已经宣布立刻对西方进行攻击的意图，以乘胜追击。行动的代号为“黄色方案”（Fall Gelb），德军将会先进入中立的低地国，然后向南横扫以拿下巴黎，并从后方打击沿着德国边界修筑的马其诺防线（Maginot Line）。德国空军所要扮演的角色又是争夺制空权并支援地面攻击行动，不过有一个附加的任务是运用空降部队夺取装甲部队推进路线前方的关键性桥梁和堡垒，以防止敌军封锁。刚开始的突击日期被定在11月12日，但由于多种因素的影响，包括恶劣的天气、生产作业的延误和将领们的反对，行动因此被推迟。12月27日，希特勒坚持要在1940年1月9日至14日间的某个时间发动攻击。在当时，一度看起来此计划正待执行。

“镰割计划”

然而在1月10日，一架梅塞施密特Bf 108联络机在从明斯特（Münster）飞往科隆（Cologne）的途中，由于严重偏离航线而迫降在中立国比利时境内缪斯河边的梅许兰（Mechelin-sur-Meuse）。机上有一位赫尔穆特·莱恩贝尔格（Helmut Reinberger）少校，他

↑图为1940年4月，在挪威一座南部港口，一名德国空军高射机枪手站在准备好射击的MG 34机枪旁，于部队和补给卸载时警戒敌军的空中攻击。德军夺取挪威的能力要依靠海运增援。

违反严格规定，携带了一份有关黄色方案计划关键部分的文件，尽管他奋不顾身地试图焚毁这份可以证明希特勒计划入侵比利时的证据，但文件的残余部分已足以拖累整个作战计划。

希特勒听到此一消息时震怒无比，虽然没有直接证据暗示他立即废弃了现有的计划，但这起意外确实使得A集团军参谋长曼施坦因（Erich von Manstein）将军必须提出另外一个选择方案。此一方案被称为“镰割计划”（Sichelschnitt），其构想是对低地国发动一波攻击，以牵制位于北部的盟军各军团，此时各装甲师将渗入被认为“无法穿越”的阿登（Ardennes）地区，越过缪斯（Meuse）河，并在敌军主力部队后方切断防线，直抵海峡沿岸；在预备队和补给线遭到切断后，英军和法军部队将会被包围并被迫投降。这是一个相当大胆的计划，于1940年2月获得正式采用。

但在此一计划实施之前，希特勒被说服进攻丹麦和挪威是必要步骤，不但可以防止盟军先占领这两国，而且在挪威的部分还可以确保对德国而言至关重要的铁矿运输途径。此一行动的代号为“威塞演习”（Weserübung），预期中的攻击行动将会是短暂且具有决定性的，将会为对法国和低地国的主要突击行动铺路，而不会浪

→图为阿尔贝特·凯塞林将军，摄于1936年担任德国空军参谋长时。他于1937年调任作战部队指挥一职，之后于波兰战役期间指挥第1航空军团，然后在进攻低地国与不列颠之役时担任第2航空军团司令。

费宝贵资源。德国空军各部队将会消灭规模相对弱小的丹麦和挪威空军，之后空降部队就会接着进入以夺取桥梁，而最重要的是占领机场以支援地面部队，因此作战重点就放在运输机队的准备上，由远程战斗机和轰炸机护航，总计有超过700架飞机。

对斯堪的纳维亚的空降突击

攻击于1940年4月9日展开。在丹麦，伞兵攻占了日德兰（Jutland）北边的奥尔堡（Aalborg）机场，使得步兵部队可以搭乘飞机降落，接着一支由28架He 111组成的部队就在哥本哈根（Copenhagen）的上空投放传单。此举有效震慑了丹麦守军，他们在当天战斗结束前便举手投降。同一时间，多架Bf 110在奥斯陆（Oslo）城外的弗内布（Fornebu）降落，为运载步兵部队的Ju 52运输机占领这座机场，而伞兵部队则攻占了靠近斯塔万格（Stavanger）的索拉（Sola）。此外德军也在特隆赫姆（Trondheim）、卑尔根（Bergen）和克欣松（Kristiansand）进行两栖登陆，完成了漂亮一击，而德国空军则四处搜寻并摧毁挪威空军，在一天之内就使其102架可用飞机减少至只剩54架。当运输机组成一道空中桥梁，带来源源不断的支援部队，以及德军在远北边的纳尔维克（Narvik）进行更多登陆行动时，挪威的命运看起来已成定局。

不过这场战役却进行得比预期还要久，一部分原因是挪威部队坚持拒绝屈服，另一部分原因则是英国和法国在匆忙之间派出了援军，这些部队于4月14日至19日之间在哈尔斯塔（Harstad）、纳姆索斯（Namsos）和安道尔森尼斯（Andalsnes）登陆。尽管这些桥头堡的扩张都被遏止了，比如英军在5月初时从纳姆索斯和安道尔森尼斯撤退，但德国空军不得不大幅度增加投入的兵力，飞了超过1000架次的出击任务以直接支援地面部队。不过即使如此危险，战局仍未结束，因为盟军对纳尔维克的攻击，使得德军在4月15日至6月2日必须运用Ju 52

↑图为在1940年举行的一场验证性试验期间，德国空军人员正小心翼翼地把一枚练习用鱼雷（可由其头部的涂装得知）装进一架亨克尔He 115B浮筒式水上飞机机身内。在挪威战役期间，交战两军都使用了He 115（挪威曾于战前采购了几架样机），因此导致了一些敌我混淆的状况。

运输机增援当地被孤立的德军部队，结果盟军真的在5月28日时占领纳尔维克，只是因为法国境内的大灾难若隐若现而被迫放弃。到了那时，德国空军已在斯堪的纳维亚损失了260架飞机，当中包括86架宝贵的运输机。

德国空军在法国

“黄色方案”于1940年5月10日执行，一切都依照计划进行。在清晨拂晓时，德国空军的500架轰炸机（此乃由多达3868架飞机组成的空军部队当中的一部分，面对总计只有2600架的盟军飞机）袭击了法国北部47座、比利时境内15座和荷兰境内的10座机场，造成严重破坏。到了当天结束时，戈林麾下的空军部队已经摧毁了83架比军飞机、62架荷军飞机和65架法军飞机，取得了被德军迅速利用的空中优势。

同一时间，空降部队夺取了横跨瓦尔（Waal）河的桥梁和海牙（Hague）附近的各机场，扰乱荷军的动员作业，而且在一次空前大胆的行动中，运载工兵的滑翔机就直接降落在掩护通往马斯垂克（Masstricht）各要道的比军关键堡垒艾本艾美尔要塞（Eben Emael）的顶部。艾本艾美尔要塞于5月11日陷落，此举为推进深入比利时的装甲部队打开了大门，也使得盟军方面相信德军已经执行了原始的黄色方案。如同曼施坦因将军预料的，盟军方面下令其大批机动部队往北移动，以应付此一威胁；其间，

↑1940年4月，帝国劳动役人员（Reichsarbeitsdienst,RAD）正协助修复并延长德军在奥斯陆—弗内布攻占的机场跑道。如图，他们正在搬运可用来延长跑道的木质铺板块，如此一来就可以让双引擎的Bf 110起降。

↑图为帝国劳动役人员正将炸弹扛到一架正在等候的亨克尔He 111轰炸机旁。拍摄这张照片的目的是让人感觉帝国劳动役的工作令人兴奋。

←要延长奥斯陆—弗内布机场的跑道，就得想办法清除延长跑道预计区域上的大石头。如图，帝国劳动役人员正努力平整地面，并用滑车搬移大石块。

←图为装备7.92毫米口径98K步枪的德国空军机场警卫正停下脚步观看梅塞施密特Bf 109E战斗机的保养工作，很可能就是在经过扩建的奥斯陆—弗内布空军基地内。

↑正当延长奥斯陆—弗内布机场跑道的工作如火如荼地进行时，军官们则监督大型木造飞机库的建设工作。德国空军察觉到一旦冬季来临，特别是需要进行维修工作的时候，就得好好保护Bf 110之类的飞机免受恶劣天气摧残。

↑这张照片是在法国上空的一架亨克尔He 111P轰炸机驾驶舱内，从飞行员的背后向前拍摄的，时间是1940年5月。从导航/观测员脸上专注的神情来看，这张照片很可能是在出击期间拍摄的。

↑图为1940年5月10日，德军伞兵正于鹿特丹上空从容克Ju 52运输机跳伞，在其上方的是一架荷军福克G–1双尾桁战斗机。

←图为1940年5月，德军轰炸在法国北部典型的笔直公路上前进的英法联军部队的情景。由于盟军在德军发动攻击后的几个小时内就失去了制空权，因此无力防止这类轰炸破坏。看得出来这次投弹的精准度格外高。

↑图为1940年5月，Ju 87斯图卡俯冲轰炸机在一座被攻占的空军基地内向前滑行，准备补充燃料。燃料是装在桶内运送，必须用泵才能给飞机加油。

埃瓦尔德·冯·克莱斯特（Ewald von Kleist）将军麾下由7个师编成的装甲部队正缓慢地通过"无法穿越"的阿登地区，而菲瑟勒（Fieseler）Fi-156"鹳"式（Storch）轻型机则将步兵部队运往前方，以夺取公路会合点和各桥梁，使得装甲部队前锋可以在5月12日稍晚时进抵天然屏障缪斯河；一旦他们渡河之后，就可以一路向西疾驰而去，以执行镰割计划安排的行动。然而在蒙特梅（Montherme）、迪南特（Dinant）和色当（Sedan）三地，面对猛烈敌火渡河可不是一件容易的事，因此德国空军的支援可以说是至关重要。

→图为1940年5月，一队容克Ju 87斯图卡俯冲轰炸机在空袭法国境内敌军阵地后返航。从他们采取紧密编队飞行的队形可以了解到盟军已经失去空中作战能力，不过从这张照片中也可以注意到斯图卡俯冲轰炸机的设计有多么复古，例如让飞机速度大幅减慢的固定式起落架。然而由于德军拥有彻底的空中优势，这样的缺点便显得无关紧要。

↑德国空军在任何一场战役里面临的其中一项主要任务是扰乱敌军交通线。如图，1940年6月，法国境内的战斗结束后，两名德国空军军官正在检视他们的杰作。轰炸机的攻击使这些铁路扭曲而无法通行，使得盟军无法依计划派遣援军。

↑图为瓦尔特·奥梭（Walter Oesau），摄于1940年8月其获颁骑士级铁十字勋章之后（即图中的徽章）。奥梭到了此时已在战斗中击落20架敌机，当中有一些是在西班牙内战期间击落的。

在色当，海因茨·古德里安（Heinz Guderian）将军的第19装甲军准备在5月13日渡河，于是斯图卡俯冲轰炸机和水平轰炸机就进行了长达4个小时的猛烈空袭，为工兵和步兵建立桥头堡以及搭建供坦克和炮兵使用的浮桥预作准备。这可说是各兵种的通力合作，但空中攻击使得法国守军士气崩解而产生恐慌，甚至到了拔腿就跑的程度。光是在5月13日，为了支援古德里安的部队，第2航空军（Fliegerkorps）总计就飞了1770架次，当盟军终于了解到危险所在并派出其空军部队，打算炸毁缪斯河上的桥梁时，德国空军又发动了更多波攻击，高射炮火力和战斗机掩护组成的火网在5月14日一举击落了48架英军和6架法军轻型轰炸机。

远在北方的事态发展使盟军各军团继续停留于当地。鹿特丹在5月14日遭到轰炸，造成800名平民丧生，并直接导致荷兰当局决定投降，而德军地面部队则持续深入比利时前进，这使得冯·克莱斯特的装甲部队可以在没有遭遇坚强抵抗的状况下横越并切断盟军部队的后方地区。

古德里安于5月20日抵达海岸边的阿布维尔（Abbeville），然后转向北边从后方挤压盟军部队，在来自南、北两面的压力下，盟军开始朝敦刻尔克（Dunkirk）一带的海滩撤退。由于戈林急着想强调德国空军的威力，因此说服希特勒下令装甲部队停止前进，允许由轰炸机消灭被包围的盟军。

在5月24日至6月2日之间，一波又一波的轰炸机群飞越敦刻尔克，却只遭遇了从英格兰南部起飞的英国皇家空军喷火式（Spitfire）战斗机（戈林设法集结了500架战斗机和300架轰炸机对付敦刻尔克的盟军，然而许多部队的飞机都出现机械问

↓图为1940年，一架德国空军全身涂装的亨克尔He 100D单座战斗机正于英吉利海峡上空飞行。这完全是一个宣传手段，目的是让英国人相信德军已经部署了一款新型战机（此举成功达到目的，欺骗了敌军关于德国空军作战部队数量的问题）。事实上，He 100从未在战斗中开过火，就设计方面而言可以说是一个失败之作。

←这张照片摄于1940年6月，从中可见炸弹在色当市区内造成的破坏。色当是5月时古德里安率军发动突击渡过缪斯河的地点，这是镰割计划执行的关键，而德国空军在他的攻击行动中提供大量支援，其战果显而易见。

题）。凶猛残酷的空中作战导致德国空军损失了超过100架飞机，并完全分散了轰炸机的战力，使得超过33.6万名盟军可以从海滩上疏散，比利时在那时则已经投降了。

因此到了6月初，德军又赢得了一次惊人的胜利，消灭了盟军部队主力，并为接下来向南突进夺取巴黎的作战打开了大门。德国空军再度发挥威力，在盟军部队后撤时加以打击，并对交通和补给线发动空袭以扰乱后方地区。巴黎在6月14日陷落，而法国政府于8日后要求休战。战斗于6月24日正式告终，德国空军到了那时已经损失了1428架飞机，大约是自5月10日起部署飞机总数的28%，且有1722名空勤人员阵亡。

对一场攻占了比利时、卢森堡和荷兰，迫使法国投降，并使英国明显地毫无防备之力的战役而言，德国付出的代价相对轻微。合乎逻辑的下一步，也就是入侵英国，看起来只剩下时间问题而已。

↓图为1940年5月，一架菲瑟勒Fi 156“鹳”式短距起降轻型机正从一个行进中的装甲师头顶上飞过。这类飞机的优点相当明显：飞行员可以观察作战过程，并向地面部队指挥官报告任何即将遇到的障碍。隆美尔就相当喜爱“鹳”式机。

第四章

首逢挫败——不列颠之役

戈林信心满满地认为麾下的空军官兵可以粉碎英国皇家空军，揭开德军入侵英国的序幕，但由于指挥决策的失当加上英军飞行员的顽强抵抗，德国空军最终被挡了下来。

↑图为1940年7月，一架He 115浮筒式水上飞机正在英吉利海峡攻击一艘英国商船，但海峡中的攻击行动无法诱出英国皇家空军。

德国空军战前研究的结论显示，除非可以取得法国北部和低地国境内的空军基地，否则对英国的空中攻击只会有很少的战略价值。也就是说，在海峡另一边有价值的目标都在现有飞机的航程以外（特别是战斗机）；对德国空军来说最有可能达到的，就是和德国海军（Kriegsmarine）联手对英国进行经济封锁，而这也是希特勒早在1939年9月战争爆发时命令戈林做的事。

在整场“假战”（Phoney War）期间，德国海军和德国空军的飞机在靠近英国港口的地方进行布雷任务，一旦海岸运输船队驶入航程范围内便加以攻击，并四处搜索停泊于港内或公海上航行的英军舰队。

这样的作战效果并不显著，不过德国空军在此过程中渐渐承担了先前被保留给德国海军的责任，因为海军的浮筒式水上飞机和飞艇很快地被证明不适合执行这些任务。例如在1940年春季

←←图为1940年9月24日，德国空军人员正在研究南安普敦港的模型，其特定目标是飞机工厂。

↑图为1940年8月，一架隶属第26轰炸机联队的亨克尔He 111H轰炸机正飞近英国海岸上空，它值得好好研究一番。机身上的宽带涂装是供识别用的，而字母“EN”代表的是这架飞机和其所属的中队，而联队代号（在这架飞机上是1H）则是在十字前方。

时，德国空军开始部署福克-沃尔夫（Focke Wulf）Fw 200“兀鹰”式（Condor）远程客机改装侦察机进行海上侦察和攻击任务，其在携带909千克炸弹时活动半径超过1609千米。四引擎的“兀鹰”式攻击商船或是引导U艇航行，随即证明自己是“大西洋瘟神”，但它们的数量一直不足，因此无法形成决定性的结果，这又是另一个飞机数量太少、攻击太晚的案例。

对英国的首波空袭

战略局势在1940年6月改观，这一次德军在装甲部队前锋的带领下，终于占领了法国和低地国，德国空军得到了出发后飞行20分钟即可抵达英国南部的空军基地；同一时间，部署在挪威和丹麦的飞机可以飞抵英国东部，使得德军的威胁日益加剧。早在6月5日，大约50架 He 111出发前往轰炸英国南部的机场和军方设施，而这些“骚扰空袭”大部分是在夜间进行，因为这是一周内最佳的时段。在此过程中，轰炸机测试了其配备中最高机密的弯腿（Knickebein）无线电定向导

→→↑这张近距离照片显示出机枪手正待在亨克尔He 111H镶满玻璃的机鼻舱内，因此拥有相当良好的视野。他的武器是一挺7.9毫米口径的MG15机枪，装在一个特制的弹性基座上，但他也非常容易受到战机的攻击，特别是英国皇家空军的喷火式或飓风式战机。He 111H受到机组人员的欢迎，因为其操控性非常良好，即使是在最大载重量的情况下也一样，此外还有绝佳的机动性和稳定性。然而讽刺的是，He 111从一开始就被设计为同时满足轰炸机和商用运输机的角色，也就是说这两种功能在当时绝非完全不相容，因为纳粹当局一直以来均相当重视飞机设计中的军事潜力，导致一些在20世纪30年代生产的客机的商业价值令人怀疑。

→→↓图为德国空军的地勤人员在一架亨克尔He 111的机尾上绘制一个胜利图案，指出这架飞机在这趟出击中击沉一艘英军潜艇。这样的胜利记录相当罕见，因为要在水面上逮到潜艇可说是极为困难，因此图中的人面带满意的表情。

Belüftung

↑图为1940年夏季，炸弹正等着被装进前往轰炸英国的飞机里。这些炸弹体积相当庞大，很可能是重达1000千克的SC炸弹，而且它们已经装上扣架，可以随时挂在亨克尔He 111或容克Ju 88的机舱内。

航辅助系统，对英国科学家而言，尽管在发现这套系统并加以对抗的过程中默默无闻，但却是他们的初步胜利。

但这并不在戈林的计划中。他在6月30日就德国空军对英国作战一事颁布了一份将军训令，强化了与海军紧密协同进行经济封锁的需要，但也首次将消灭英国皇家空军和摧毁在其背后支撑的飞机工业列为优先项目。

这些指示由德国空军参谋总部于7月11日转换成命令，并发送给位于挪威的第5航空军团［由汉斯·于尔根·史通普夫（Hans Jurgen Stumpff）将军指挥］，部署在勒阿弗尔（Le Havre）以北的第2航空军团（由阿尔贝特·凯塞林将军指挥）

和以南的第3航空军团［由胡戈·施佩勒（Hugo Sperrle）将军指挥］。所有这三个航空军团都将发动攻击，意图迫使英国皇家空军出动应战，以摧毁英军的飞机，为进行封锁做好准备。

不列颠之役的初期阶段

之后被人们称为“不列颠之役”（Battle of Britain）的作战预备阶段持续了整个7月并一直进行到8月初，但结果并不成功。小群的轰炸机日夜出击，穿透英军的空防打击事先选定的目标，而较大的编队在战斗机保护下，攻击出现在海峡中的运输船队。对参与作战的德军空勤人员来说，他们称之为“海峡战斗”（Kanalkampf），却未能逼迫英国皇家空军出动进行全面性作战。

空军上将休·道丁（Hugh Dowding）爵士指挥的英国皇家空军战斗机司令部，拒绝投入麾下宝贵的喷火式或飓风式（Hurricane）战斗机，除非有类似运输船队真正遭到攻击的事发生，这是因为英军唯恐掉入德军预先设下的陷阱中。从7月1日起的6个星期内，德国空军的轰炸机出击超过7000架次，并投下了1930吨的炸弹。但结果令人失望，虽然宣称大约击沉了71123吨的商船，但德国空军损失了279架飞机，英国皇家空军只损失了142架。

8月1日，希特勒介入作战，改变了德国空军攻击任务的优先顺位。此时他正在准备“海狮作战”（Operation Seelöwe），也就是对英国的两栖突击，并意识到至少在入侵地区内，参与作战的部队必须同时拥有制空权和制海权，否则的话任何这类作战注定会失败。

元首训令第17号的标题是

↑图中这些炸弹应该是500千克的SC炸弹，它们即将被装进后方的容克Ju 88上，时间是1940年夏季的某个时候。就像全世界所有的地勤人员一样，德国空军军械士和装配人员正愉快地在即将被使用的炸弹上用粉笔写下各种短句。

→图为1940年夏季，法国上空的容克Ju 87斯图卡编队。将斯图卡投入不列颠之役显示出当这些飞机对上现代化的拦截战斗机时，它们有多么老旧。当损失数目在8月上升时，它们就被撤出战场。

↑图为当地勤军械士准备将一枚500千克炸弹装上一架亨克尔He 111时，一名德国空军将领（中央着装有白色翻领者）就站在机身一旁观看。堆在炸弹推车上的砖垫很明显是一个现场应急办法，目的是为了展示炸弹。

↓图为1940年夏季，梅塞施密特Bf 109E战斗机在法国北部的一座机场内准备就绪。由画在发动机整流罩侧面的“红心A”标志可以看得出来，它们隶属第53战斗机联队。

↑图为1940年夏季，这些德国空军第3战斗机联队的飞行员们正等待着下一场作战，他们摆出的姿势可说是跟英国南部机场上那些英国皇家空军飞行员摆出的非常类似。坐在阶梯上的是雪夫（Scheef）下士。

↓图为当元首把勋章颁给瓦尔特·奥梭时，阿道夫·加兰德（左）就在一旁观看。奥梭因为缔造击落40架敌军飞机的战果而获颁骑士十字勋章的宝剑徽饰，而加兰德也刚刚获颁同样的勋章。

↑图为德国空军军械士正为安装在一架德军战机机鼻侧面的机枪装填7.9毫米口径子弹带。如果不希望飞行员在战斗当中突然遇到卡弹状况的话（这种状况有致命的潜在危险），就必须仔细地做这项工作。

↓图为1940年8月，第3战斗机联队中队长库尔特·索哈奇（Kurt Sochatzy）（右）在他外号“提齐”（Tizi）的梅塞施密特Bf 109F座机前和机械士布赫霍兹（Buchholz）合影。索哈奇的小腿上外观古怪的弹带内装有信号枪用的弹药，万一他在英吉利海峡上空被击落，这些东西对他来说至关重要。许多德国空军飞行员在海面上空作战时也会穿着救生衣。

↑阿道夫·加兰德是不列颠之役中战绩最佳的王牌飞行员之一。他在拍摄这张照片时军阶为上校，脖子上挂着骑士十字勋章加橡叶和宝剑徽饰。

↑图为1940年夏季，机械士布赫霍兹（Buchholz）正在保养索哈奇的座机“提齐”，以确保在最短时间内可以做好万全的出击准备。他要负责检查飞机的每一个部分，包括发动机、机身结构和武装。

↓当瓦尔特·奥梭少校（中）聆听左边的欧斯特坎普（Osterkamp）将军和王牌战斗机飞行员莫德士（右）间的对话时，脸上露出紧张的神色。奥梭脖子上挂着最近获颁的骑士十字勋章。

←图为神鹰聚首：1940年夏季，3位骑士十字勋章得主合影留念，左边的是雷伊（Leie）中校，中间的是奥梭少校，右边的则是梅尔（Mayer）少尉。

↓图为不列颠之役中德国空军的瘟神：1940年，英国皇家空军战斗机司令部第56中队的超级马林（Supermarine）喷火式IA型战斗机编队正翱翔在英国南部上空。喷火式的极速可达每小时580千米，武装为8挺0.303英寸机枪，是一款相当可怕的战机。到了1940年6月，英国皇家空军拥有700架快速单翼战斗机，当中包括喷火式和飓风式，而工厂的生产效率也相当高，例如到了1940年年底，英国的飞机制造厂每个月可生产超过400架飞机，相较之下德国工业平均一个月生产不到200架。

“对英国进行海空作战”，当中命令德国空军“以旗下所有部队压倒英国空军”，而进行的攻击主要“针对飞机本身、地面设施和后勤补给组织”。这份训令在24小时之内被转换成德国空军的作战计划，代号为“鹰击”（Adlerangriff）。根据计划，位于法国和低地国境内的航空军团将在战役展开后的5天内攻击伦敦西边和南边半径约为96千米的半圆形范围内的飞机、机场、雷达站和地面设施；接下来的3天里，半径将会缩小到大约48千米；在最后的5天内，就会再进一步压缩到伦敦市本身。从挪威和丹麦出发的飞机也会参与作战，袭击英国东部，以撕裂英国的空防。

戈林和麾下的各指挥官无疑地都相信这将迫使道丁（Dowding）投入他手边一切可用的兵力，并自信满满地认为德国空军此举可以轻易地消灭英国皇家空军。他们的计算就某种程度而言也相当符合逻辑：在8月10日，这三个航空军团总计配置了3196架飞机（当中2485架是处于完全可以进行作战的状态），面对着这批部队的是英国皇家空军部署在英国东南部的部队［由空军少将基斯·帕克（Keith Park）指挥的第11联队］，只能够部署570架喷火式

↓图为1940年，在宪兵和近卫步兵警卫人员小心翼翼的戒备下，于英国南部上空被击落的德国空军机组人员正步入战俘营。左边的是飞行员（由胸章可以得知），而右边的中士则拥有一枚一级铁十字勋章。

↑图为1940年9月，一架刚结束对英国南部空袭行动的亨克尔He 111机组人员正用他们的保温水壶喝水。虽然飞行距离不是很长，但每一次空袭行动都因为压力和疲劳而造成惨重损失，而战斗导致的肾上腺素飙升时常使得飞行员异常口渴。

和飓风式战斗机（当中有467架可用于作战），还有少数老旧的海燕式（Fulmar）和无畏式（Defiant）战斗机，如果在即将来临的空战中能发挥功用的话，轰炸机司令部旗下有500架汉普登式（Hampden）、威灵顿式和惠特利式（Whitley）机也随时待命出击。从账面上来看，英国皇家空军在战斗机的数量上至少是1∶2，从总体上来看将近1∶6。此外，英国的防空能力非常薄弱，只有1200门重型和650门轻型高射炮保护伦敦和海峡各港口。看起来这应该是一场一面倒的竞赛。

但英军享有一些至关重要的优势。虽然第11联队的兵力也许看起来相当薄弱，但它在大部分情况下却是在自己的国土上作战，意味着飞行员如果被击落后幸运生还的话，就可以继续升空作战，而帕克也可以呼叫其他战斗机联队提供支援（位于英国西部的第10联队和伦敦以北的第12联队），这些部队的基地都在德国空军战斗机的航程以外，或是不包括在戈林的目标清单内。更重要的是，英军沿着南部和东部海岸部署了本岛预警雷达系统

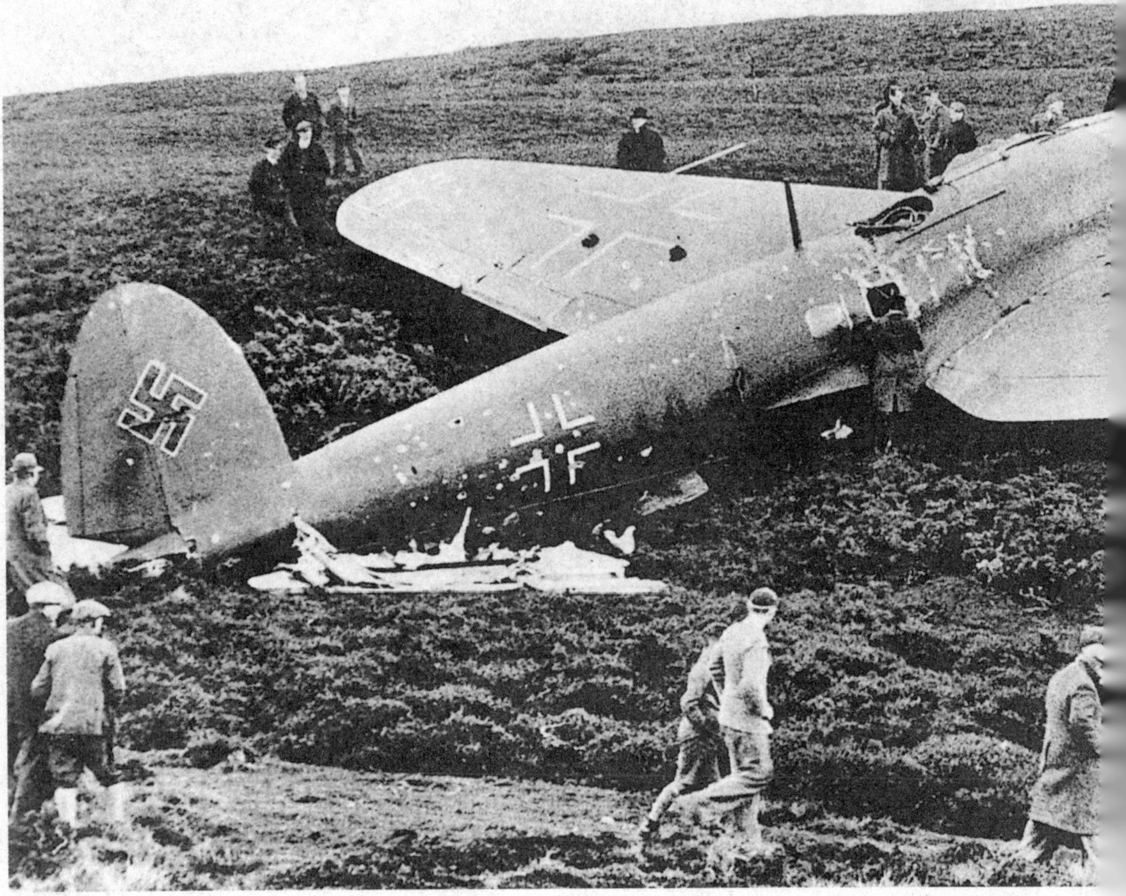

↑图为1939年10月，一架亨克尔He 111H的机背断裂，躺在苏格兰的一处山坡上。这是第二次世界大战期间第一架在英伦群岛上空被击落的德军飞机照片，因此由图中可以看得出来，英国人对它相当感兴趣。此一战果属于第602和第 603中队的喷火式战机。

（Chain Home Radar System），使得他们可以预知德国空军何时集结飞机进行空袭，因此可以保存并指挥战斗机以发挥最大效益。

当不列颠之役持续进行时，这些优点就显现了出来，不过英国皇家空军在当中也曾十分接近战败的边缘。刚开始时，戈林将鹰击作战的发动日期定于8月10日，但因为天气恶劣的因素而往后延了3天，不过德国空军在那段时间内并没有停止作战。8月12日，轰炸机的攻击造成怀特（Wight）岛上文特诺（Ventnor）的雷达站严重受损，使英军空防出现一个易受攻击的缺口。鹰日（Adlertag）终于在8月13日到来，德国空军在当天总共有1485架次的飞机出击，然而却发

现英军飞行员可以利用早期预警系统并对德军造成严重伤害，在激烈的空战中击落了德军20架轰炸机和24架战斗机，本身只损失了13架战斗机。

更重要的是，戈林已经下令麾下空勤人员攻击机场，虽然有一些确实遭到打击且无法进行作战，但这却意味着雷达站逃过一劫，使得雷达系统大部分完好无损。空袭行动持续至8月18日，进入不列颠之役的第二阶段，在当中德国空军损失了247架飞机，英国皇家空军则只折损了131架，但戈林没有意识到的是道丁手上训练有素的飞行员（特别是那些可以在空战中率领各战斗机中队的）已经开始快要用完了，并已经开始“袭击”其他的战斗机联队。

英国皇家空军在临界点

这个问题在战役的下一个阶段显现出来，时间是从8月19日

↓图为1940年8月，一队梅塞施密特Bf 110飞过英国南部上空的照片。在不列颠之役期间，被设计作为远程战斗机的 Bf 110被证明不是英军单引擎拦截机的对手，到最后Bf 109被迫扮演护航机的角色，在战前的战术中并没有设想到会发生战斗机保护战斗机的状况。

↑1940年9月7日，戈林将他的攻势重心从英国皇家空军的机场和设施转移到伦敦的港口。这张照片是第二次世界大战期间最家喻户晓的照片之一，显示出伦敦东区陷入熊熊大火中。尽管德国空军的空袭对人民生活造成重大损失，但给了英国皇家空军急需的喘息时间；此外，这样的空袭行动带来的效果与纳粹领导阶层设想的恰恰相反，猛烈的轰炸不但没有让英国人民屈服，反而增强了他们的决心。

持续至9月6日。当德国空军增加压力，每日出击架次达到1000架时，戈林改变了战术，他部署了更多战斗机，试图引诱英国皇家空军投入作战，这个策略几乎生效了。

到了9月6日，道丁在战斗中又损失了另外373架宝贵的战斗机，且尽管天平看起来仍然是倒向他这一边，但他几乎要耗尽手上的预备队了。当英军方面拟订了把英国皇家空军撤退至伦敦北边的计划时，德国空军依然投入1185架轰炸机和超过1000架战斗机，德军看起来就在胜利的边缘。

戈林就是在这个时候犯下了致命的错误。由于他有很好的理由相信德国空军的作战正顺利进行，并且打算动摇英国人民的士气，以作为入侵作战的下一个必然步骤，他下令麾下的轰炸机部队集中全力打击伦敦。此举将德国空军拘束在

一个准确且可预测的目标上，而更重要的是解除了施加在英国皇家空军身上的压力。当道丁匆忙地节约剩余兵力，并在监督受损机场的修复工作、吸收新飞机和飞行员的时候，戈林的空军健儿将他们的注意力转移到一场他们并未真正做好准备的战役上。9月7日，在一场持续将近11个小时的空袭中，大约650架次的轰炸机和1000架次的战斗机飞过伦敦上空，该市的港口码头区遭到670吨高爆弹和数以千计燃烧弹的狂轰滥炸，将近450名伦敦市民被炸死，但德国空军损失了36架飞机，并透露了他们未来的动向。

德军的空袭行动使道丁可以集中部队保护首都。这项有利条件在9月15日时变得相当明显［之后这天被官方定为“不列颠之役纪念日”（Battle of Britain Day）］，德国空军一波接一波的空袭遭遇了成群出现的战斗机，当中有些来自第12联队，英国皇家空军损失了26架飞机，却设法击落了58架敌机。这样的行动模式随即变成了准则。在9月16日至30日间，道丁折损了115架飞机，德国空军则损失了199架，很明显地，英军已经从德军的手中抢得主动权。希特勒已经在思考对苏联发动突击的计划，取消了海狮作战，而戈林察觉到麾下部队即将被召回以支援此一冒险行动，便将对英国的日间攻击降级为战斗轰炸机的扫荡任务，运用 Bf 109和Bf 110担任并不符合原先设计的角色。

然而英军在不列颠之役的胜利并不表示德军攻击的停止。尽管9月中旬时德军在伦敦上空损兵折将，但戈林依然坚持进行轰炸作战。到了当月月底，已有6953名英国百姓在德国空军的空袭中罹难，这一结果证明英军的空防相当薄弱。这些考虑导致了战术的转变，也就是轰炸机开始在夜间出击，攻击全英国境内的目标。这个策略看起来相当有用，探照灯不断地搜索夜空，但毫无斩获，高射炮也无法造成更多损害，而英军的夜间战斗机由于缺乏雷达也无法造成太大冲击。

如此态势中，最戏剧化的一幕在1940年11月14—15日的夜晚上演，439架德军轰炸机跟在装备了被称为“X 机”（X Gerät）的复杂无线电波制导设备的探路机后方，在英国中部工业地带的考文垂（Coventry）市上空投下了511吨高爆弹和超过3万枚的燃烧弹，此波大空袭炸死568名平民，另有1256人重伤，超过6万栋房屋被炸毁或受损，工业生产也遭受严重波及。

考文垂不是唯一的目标。到了1940年圣诞节时，伯明翰（Birmingham）、谢菲尔德（Sheffield）、利物浦（Liverpool）和曼彻斯特（Manchester）都曾遭受严重打击，而其他城市也开始感受到德国空军攻击的强大冲劲。同一时间，德国空军对伦敦的空袭依然持续着，在12月29—30日的夜间，130架轰炸机空袭了这座城市，投下大量燃烧弹，使得圣保罗大教堂（St Paul’s Cathedral）和伦敦市政厅间的区域陷入熊熊火海中。英国实际上可说是被围攻了。

但英国确实存活了下来。英国人民没有因为空袭而士气瓦解，反而更加愤怒，坚持过着“日常生活”，而英国人在承受攻击时也采用了各种反制措施。英国科学家们学习干扰德军的无线电波制导设备，有时候甚至想办法把无线电波改向，以确保轰炸机将炸弹投到空旷区域；同一时间，高射炮和探照灯的效率改善了，而夜间战斗机也装备了机

→图中这架由攻击中的战斗机拍摄的梅塞施密特Bf 110即将被击落。由于Bf 110缺乏机动性，速度也较慢，因此无法与更灵活的战斗机对抗，而其面向后方的自卫武器火力也不足。

←图为1940年8月18日，英军士兵在比根山（Biggin Hill）空军基地旁的利夫思格林（Leaves Green）看守一架被击落的都尼尔Do 17Z残骸。尽管这架飞机的机首遭到重创，但5名机组人员都幸运逃过一劫。

上雷达，开始升空搜索猎物。闪电空袭行动一直进行到德军入侵苏联作战的前夕（直到1941年5月10日，伦敦共有超过1400名平民丧生），但到了那个时候，德国空军显然已经失败了，它既没有消灭英国皇家空军，也没有为入侵英国的作战做好准备，这是戈林的第一次挫败，也推翻了战前部分人士主张可以通过空中作战击败敌对国家的理论。

令人敬畏的德国空军也许已经征服了格尔尼卡、华沙或鹿特丹的天空，不过这些城市没有一座拥有适当的防御措施，主要是因为制空权在空袭展开前就已经丧失；在英国，戈林的错误就是他在消灭敌方空军部队前就将行动内容转移为轰炸城市，这是一个致命的错误，使得英国在希特勒坚持将攻击行动转向东方对付苏联时，仍于西方立于不败之地。

↓图为1940年10月初，英军人员在温莎大公园（Windsor Great Park）回收梅塞施密特Bf 109E座机，该机隶属第27战斗机联队的卡尔·费舍尔（Karl Fischer）中尉，费舍尔本人则在与英国皇家空军的空战中生还。

第五章

沙漠争霸

在北非，德国空军面对机械故障问题和油料短缺状况，他们为了维持飞机运作而承受巨大压力，直到最后终于被盟军的空中优势压倒。

↑这张照片摄于1941年时巴尔干半岛一座机场上，由机鼻的独特老鹰标志可以看得出来，这是一架隶属于第30轰炸机联队的容克Ju 88A轰炸机。

地中海区域包括巴尔干、北非海岸和当中各大小岛屿，这些地方在希特勒的大战略中从未占有足够的分量。他和法西斯同伙墨索里尼（Benito Mussolini）的联盟，意味着任何盟国在南方的反制行动应由意大利人负责对抗，而让德国人去处理更重要的任务，也就是消灭苏联。尽管有人提出过让穿越高加索及中东地区前进的德军和在埃及与利比亚的意军会师的未成熟想法，但这一想法从未被认真考虑过。就希特勒方面而言，如果墨索里尼能够确保南翼的话，他就能够比充分满足于罗马—柏林轴心条款拥有得更多。

不幸的是，墨索里尼证明自己并没有能力做这件事情。虽然他尽责地在1940年6月对英国和法国宣战（他一直推迟这个动作，直到盟国很明显地在战

←←图为1941年在北非，梅塞施密特Bf 110远程战斗机的机组人员正在躲避大太阳。到了战争的此一阶段，Bf 110更常被当成战斗轰炸机使用。

→图为1941年在北非，第26驱逐机联队的Bf 110排列整齐，准备出击。不过飞机排列得如此接近，再加上旁边堆满了燃料桶，意味着他们认为此时敌军不会前来空袭。

败边缘），但他在巴尔干和北非的攻势却相当无力。9月时，他派出第10军团进入埃及西部，目标是夺取苏伊士运河（Suez Canal），一个月之后他又更加愚蠢地入侵希腊。这两波攻势旋即戛然而止，而英军和希腊部队便发动反攻，结果意军兵败如山倒，看起来随时会被歼灭。早在1941年2月初，也就是第10军团残部在利比亚东部昔兰尼加（Cyrenaica）的贝达富姆（Beda Fomm）向英军投降之后几天，希特勒觉得有必要投入德军部队［德意志非洲军（Deutsches Afrika Korps, DAK）］，由隆美尔（Erwin Rommel）将军指挥，以防止意大利完全崩溃；两个月后，德军部队入侵了南斯拉夫和希腊，以确保巴尔干的情势可以在入侵苏联的作战展开前稳定下来。

↓图为1942年年底，西西里一座机场上的梅塞施密特Bf 109G战斗机，其特征是线条平滑的整流罩，以及机鼻下方加大的空气滤净器。从顶端或两侧看过去时，迷彩的图样破坏了飞机的轮廓。

德国空军在地中海的部署

到了1941年年初，德国空军就开始部署部分部队至地中海区域。当轴心国于3月扩张的时候，将近500架飞机（40架轰炸机、120架Ju 87、120架 Bf 109、40架 Bf 110 和170架侦察和运输机）转移至罗马尼亚和保加利

↑尽管过时的斯图卡在快速拦截战斗机的面前显然已经岌岌可危，但德军仍广泛使用这款飞机。在北非战区，它仍然是可瓦解敌军士气并加以歼灭的有力武器，但这只有在战斗机的保护下才能做到。

亚境内的机场，而另外390架飞机（大部分是Ju 87和 Bf 109）则组成第10航空军，部署在意大利南部、西西里（Sicily）、萨丁尼亚（Sardinia）、希腊和北非等地，虽然后者的任务从来并不只是为地面部队提供密接支援，但在埃及和利比亚支援隆美尔作战的就是该部队的飞机。此外，极为重要的一点是，第10航空军将会协助意军压制马耳他（Malta）岛，英军海空部队已经从那里出发，袭扰北非战区内轴心国部队的补给线。

德国空军早在1941年1月9日就对马耳他进行首次空袭，其机场和港口设施均被命中，但这场战役却被6月德军入侵苏联的“巴巴罗萨行动”（Operation Barbarossa）干扰。有几个中队被派往北方参与巴巴罗萨行动，而剩下的就向东转至希腊、克里特（Crete）和罗兹岛（Rhodes）等地的基地，其意图是防止英军利用地中海东部，他们可以借由通过当地，利用苏伊士运河、达达尼尔海峡（Dardanelles）和黑海（Black Sea）试着运输补给给其新盟友苏联。对付马耳他的任务被交给了意大利人，而隆美尔奉命凑合使用不到150架的斯图卡俯冲轰炸机和Bf 109，他到了那时已设法将英军逼退回埃及和利比亚边境，但在此过程中，他那从的黎波里（Tripoli）出发沿

←图为1941年中期，一名艺术家在加查拉（Ain el Gazala）机场描绘眼前的景致。前方的Bf 109E战斗机隶属第27战斗机联队，该单位于1941年4月首度部署至北非。

着海岸公路前进的补给线却过度延伸。11月时，就在托布鲁克（Tobruk）周围爆发激烈无比的坦克战之后，英军扭转了战局，迫使隆美尔朝昔兰尼加西部撤退。一旦到了当地，他的补给线就变短了，不过由于英军飞机正位于能够支援从马耳他出发的友军的基地内，通过地中海至意大利南部的补给线再度变得容易受到攻击。

到了1941年11月时，从东南欧运给隆美尔的补给物资有2/3无法送达他手中，运输船不但被潜艇和水面舰只击沉，也被飞机的空中攻击摧毁。12月2日，希特勒同意采取行动，增援该区域的德国空军单位，并指派凯塞林（此时已升为元帅）担任南线总司令，以协调轴心国的作战。当他于1942年1月初抵达该战区时，德国空军有650架飞机是在他的直接指挥之下，当中有260架负责支援北非的德意志非洲军，隆美尔在当地抓紧时间发动反攻，即将迫使英军撤退至加查拉（Gazala）；此外意大利空军（Regia Aeronautica）拥有大约500架各式各样可用的轰炸机和战斗机，但这些飞机一般来说被公认为老旧机种，无法进行决定性任务。如果要压制马耳他的话，就得由德国空军来做这项工作。

对马耳他的突袭

攻势于1942年1月中旬展开。德军对该岛的空袭行动在刚开始时打打停停，到了2月底时只投下了1046吨炸弹，因此岛上的英军驻军和居民还适应得过来；但第3航空军于3月被部署至西西里，带来了另外425架飞机，包括190架轰炸机和115架Bf 109，均可以投入作战中，这意味着攻击力度会开始急剧增加。

→图为1941年，一队Ju 87斯图卡正在返回沙漠中的基地。从这张照片可以看出这座基地所处的单调环境，其孤立状态连带产生了补给问题。

↑汉斯-约阿辛·马赛勒（Hans-Joachim Marseille）是德国空军的王牌战斗机飞行员，其外号为闻名遐迩的“非洲之星”（Star of Africa），他正在检视工作战果——一架第213中队的飓风式战斗机。他在1942年9月30日阵亡。

↑图为1942年2月，德国空军地勤人员在一条沙漠跑道上为梅塞施密特Bf 110加油，从这张照片可以看得出来，用泵把燃料打进飞机油箱里的工作相当费时。

↑图为一架哥特式Go 242A滑翔机卸下了大量燃料和其他基本物资。到了1942年，德军在北非遭遇的补给困境已经严重到每一种运输补给的方法都用上了。

3月时德国空军总计出击2800架次，投下了2235吨的炸弹，英军的机场和军事设施都严重损毁，防御被削弱，尽管德国空军于1942年1月初至3月底之间共有60架飞机在马耳他被击落，但这并不足以终止德国空军的空袭。的确，到了4月时，英国当局对德国空军的空袭忧心如焚，因此疏散了该岛所有空军和海军部队，只留下陆军的驻军（精疲力竭的234旅）孤独地面对猛烈轰炸。如果凯塞林当时能成功说服希特勒在4月底发动计划中代号为“大力神行动”（Operation Hercules）的德意联合空降突击的话，该岛无疑将会陷落。如同事实所呈现的，由于诸多因素的结合——前一年5月空降突击克里特岛的惨重损失依然令人记忆犹新，东线上的需求使得运输机短缺且隆美尔指挥部队神速穿越加查拉防线并拿下托布鲁克，还杀入埃及西部——使得希特勒没有批准这一攻击。

但凯塞林还是有其他方法可以确保继续维持压力，当中一项就是运用他手中庞大的机队攻击前往救援马耳他的运输船队。例如1942年3月时，英军大手笔地派出了4艘巡洋舰、18艘驱逐舰和1艘防空舰，就只是为了护航区区4艘商船前往这座被围攻的岛屿，它们实际上得应付持续不断的攻击；到了8月，情势变得更加严峻，英军出动一支真正

↑图为机械士正在维修一架Ju 87的容克Jumo 211Da十二汽缸液冷式引擎。这架特别的飞机因为装上了沙粒过滤器而“热带化”了。

←图为德国空军人员正为一架亨克尔He 111H装弹。由地勤人员的遮阳帽和经过热带地区改装的飞机发动机可以得知，这张照片摄于地中海战区。

→图为1942年于地中海战区，德国空军人员在登上后方的容克Ju 52运输机前检查降落伞的吊带。尽管他们都已经穿上“跳伞靴”，却不是伞兵。

的舰队护航14艘商船，当中包括3艘航空母舰、2艘战列舰、6艘巡洋舰、24艘驱逐舰和1艘防空舰。当这些船只在西地中海上朝向它们的目标奋力破浪前进时，德国空军进行了极为有效的攻击，只有5艘商船幸免于难，但尽管如此，它们还是运来了足够的补给物资，使得马耳他能够继续坚守下去，此时德国的注意力已经转移到东方更远处，隆美尔在那里正摆出拿下亚历山大（Alexandria）港和苏伊士运河的姿态。如果此事成真的话，马耳他就会变得无关紧要了。

高消耗率

隆美尔在整场战役中享有某种程度的德国空军支援，特别是在俯冲轰炸机和对地攻击机方面，这些飞机接受非洲空军司令部（Fliegerführer Afrika）

→图为1941年夏季，梅塞施密特Me 321“巨人”式滑翔机（它的名字非常贴切）的早期型正在莱普汉（Leipheim）试飞。巨人式滑翔机被设计用来运送坦克或自走炮。

的指挥，飞机总数仅仅有200多架，因此未曾从英军手中夺得完全的制空权，主要因素是作战区域中的机场时常是应急修筑且距离遥远，所以避免了此一状况发生。但在1941年和1942年，德国空军在有需要时都会提供支援，派遣Ju 87轰炸英军阵地，通常还有瓦解对方士气的效果（尤其是1941年4月至12月围攻托布鲁克期间），并部署Bf 109和一些Bf 110遏制敌军飞机，或是对地面阵地进行低空扫射。在某些时候，战区中德国空军部队的规模会为了进行特定作战而扩充，特别是像1942年5月隆美尔率军突击加查拉防线的时候，为了那次攻击，德国空军的机群扩充至超过260架可用飞机。但在整场沙漠战争当中，可用率相对较低，有些时候可作战飞机的数目会减少达40%，炎热、尘土和沙暴对主要是设计用来在欧洲进行作战的飞机造成严重伤害，而燃料的供应也总是无法获得保证，特别是有些时候盟军在地中海中部攻击了运输船队而造成影响。但尽管如

↑Me 321滑翔机接着就衍生出拥有6具发动机的Me 323，目的是为了将它变成运输机，虽然多少有点古怪但非常合逻辑。不过这款飞机非常脆弱，在1943年4月22日的一场空战中， Me 323一口气被击落了14架。

↓图为1942年，一架博隆&沃斯Bv 222维京式（Wiking）远程海上巡逻和侦察飞艇。这款飞机并不令人印象深刻，但在1941年年底时却被用来从雅典（Athens）运送紧急物资至利比亚的德尔纳（Derna）。

↑图为在德尔纳，一架零件几乎被拆光的Bf 109就停放在一架被烧毁的Ju 52医疗运输机残骸旁。当英军部队于1942年年底从阿拉曼向利比亚挺进时，他们在沙漠中就经过了令德国空军伤心难过的遗迹。

此，当隆美尔向南方推进绕过加查拉防线时，他麾下的轰炸机出击了将近1400架次，为压制自由法军在比尔哈凯姆（Bir Hacheim）的堡垒做出贡献，使攻势得以继续进行。

不过一旦隆美尔推进至埃及境内，德国空军就无法支撑其沙漠作战了。当他的地面部队于1942年7月进抵阿拉曼（El Alamein）防线时，其空中支援不可避免地远远落在后面，不但缺乏燃料，也没有前进保修设施。在绝望当中，德军当局派出Ju 52运输机和博隆&沃斯（Blohm und Voss）Bv 222 六发动机飞艇紧急运送一些燃料和备用零件至托布鲁克，但数量稀少，且到了当地后还必须经由几近640千米的陆上运输才能抵达轴心军前线；同一时间，英军则是利用其补给线缩短的优势，得以在埃及境内集结军力，当中一部分就是经过强化的沙漠空军。到了1942年9月初隆美尔最后一次试图继续进攻时，就是被刚走马上任的第8军团司令伯纳德·蒙哥马利（Bernard Montgomery）在阿拉姆哈勒法（Alam Halfa）挡住，而此时德国空军已经被赶出天空了。将近两个月之后，当蒙哥马利在第二次阿拉曼之役中采取攻势时，英军飞机对德国飞机的数量比是3:1，德军非洲空军司令部可说是无能为力了。

隆美尔于11月4日接受兵败阿拉曼的事实，开始撤军，预告了沙漠战争的结束。4天后，英美联军在法属西北非（摩洛哥和阿尔及利亚）进行代号为“火炬行动”（Operation Torch）的两栖登陆战。

当他们进军突尼斯时，隆美尔的后方遭到威胁，迫使他放弃整个利比亚，将其让给蒙哥马利的部队。希特勒到很晚的时候才明白他在地中海要打输了，这将会露出他的“软肋”，任凭盟军宰割。因此他在一夕之间就调集了大批备用飞机；如果他可以早一点集结这些飞机的话，结果可能就会大不相同。德国空军总计部署了将近1000架飞机，850架在西西里、萨丁尼亚和突尼斯，还有120架在法国南部（在火炬行动后立即被德军占领），以阻止盟军推进。他们在多山地的突尼斯协助阻挠盟军挺进，在这方面算是成功了，但燃料和补给问题却依然存在。

到了1943年2月，非洲空军司令部只剩下150架飞机（大部分是Bf 109），而刚组成不久的突尼斯空军司令部（Fliegerführer Tunisia）则仅有140架飞机（包括少数新型的福克-沃尔夫Fw 190 战斗机）。当隆美尔退入突尼斯南部时，这两个指挥部就合并为一个，但很明显地，没有任何人能阻

→图为轴心国在北非被击败：英军部队搜集了许多德国空军飞机（还有一些意大利空军飞机）的残骸，并用机翼在一堆认不出来的东西旁边堆起一道围篱。

止战败降临。到了5月，盟军无情地逼近突尼斯（Tunis），因此德军当局试图通过空运撤出重要人员，便动用了Ju 52运输机，甚至是梅塞施密特Me 323巨人式（Gigant）动力滑翔机，但结果是多灾多难，因为这类飞机会被盟军战斗机轻易击落。当突尼斯于5月9日陷落后，残余的飞机就撤往西西里和意大利南部。5天后，北非的战争就结束了。

但北非战争的结束并不代表地中海战斗的平息。尽管墨索里尼政府在1943年7月垮台，导致9月时意大利政府与盟军休战，德军部队便占领了意大利，而德国空军各部队也持续在可能的时机和地点支援地面部队。在意大利本土，这实在不是一件容易的事——到了1943年中期时，盟军在空中已享有数量和技术方面的优势，但德国空军偶尔还是可以获得成功。其中一次是1943年年底在多德卡尼斯群岛（Dodecanese）的战斗，当时判断错误的英军试图从意大利派军占领这些岛屿，但遭到反抗。德国空军飞机一度重整旗鼓，以Ju 87和 Ju 88攻击偏远岛屿和英军船舰，并为从希腊撤出的德国空军伞兵执行部分在科斯岛（Kos）和莱罗斯岛（Leros）的登陆行动作准备。这是一次相当罕见的胜利，主要是因为美军将其视为次要的战役，拒绝支援盟友，使得盟军过度延伸且易受打击。

在其他地方，地中海到了1943年时基本上已经变成盟军的“内湖”，战区内的德国空军部队已经望尘莫及了。当然到了那时，希特勒有许多其他的事需要担心，特别是在东线上，因为苏军部队渐渐扭转局势反败为胜。而在德国的上空，英、美军的轰炸机已经开始对德国的战争能力产生影响，德国空军有更重要的任务需要好好表现。

→→ 图为1943年年底，两架梅塞施密特Bf 110在爱琴海岛屿上空以紧密编队飞行。前面的那架机身漆有代码“3U”，表示隶属于第26驱逐机联队。

SB+GD
3U+KS

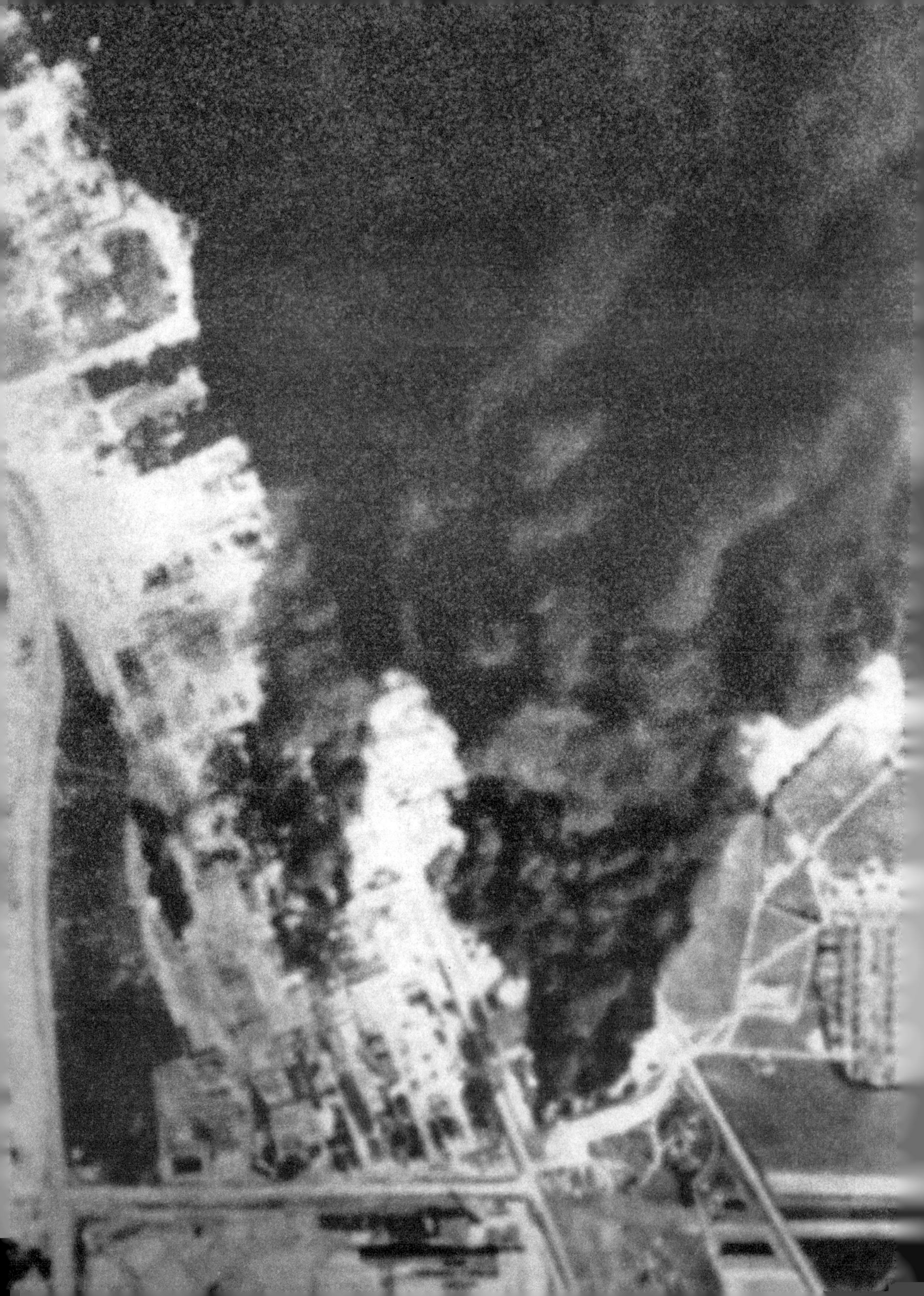

第六章

东方风暴

在德军进攻苏联，也就是巴巴罗萨行动展开后几个星期内，德国空军夺得了彻底的制空权，数以千计的苏联飞机在地面上被摧毁，德军成功的故事可以说是无比惊人。

↑斯图卡进攻！当巴巴罗萨行动于1941年6月22日展开时，Ju 87就执行如同往常的任务，也就是搜索敌军部队集结点，并瓦解他们的士气。

←←图为1941年7月，燃烧中的油库冒出滚滚浓烟，标志着巴巴罗萨行动初期阶段，德国空军空袭过后的满目疮痍。德国空军在摧毁这类目标的攻击中扮演了重要角色。

德军早在1940年9月就展开巴巴罗萨行动的准备工作，此时德国空军正在不列颠之役中不懈奋战，而正式的作战指令就在两个月之后发布。根据1940年12月18日希特勒的第21号训令内容，在入侵苏联的作战中德国空军的角色与先前十分相似：“德国空军的责任是尽可能瘫痪并消灭苏联空军的作战效能……同时也要支援陆军的各主要作战行动。”就像在波兰、斯堪的纳维亚和法国一样，戈林麾下的空军战士将会对敌空军进行先制空中打击，攫取制空权后便可以运用其轰炸机和战斗机攻击敌方补给线，孤立战场，使敌军地面

→图为1941年，一架隶属于第2俯冲轰炸机联队的容克Ju 87B正停放在巴尔干半岛的一座机场上，等待地勤人员挂弹，以便参与征服南斯拉夫的短暂战役的最后阶段。它的机鼻和垂直尾翼被漆成亮黄色。

↓图为1941年5月，爱德华·迪特尔（Eduard Dietl）将军（右边背降落伞者）正准备登上一架容克Ju 52运输机。他负责指挥德国陆军中的山地兵（Gebirgsjäger）［由帽子上的高山雪绒花（Edelweiss）徽章可以看得出来］，这些山地兵当中有一部分曾参与入侵克里特岛之役。

部队直接暴露在空中打击下。

但就苏联的例子来看，这可是一道令人难以置信的命令。希特勒坚持进行一场短暂而激烈的战役，他要求于冬季降临而暂停作战之前在北边攻下列宁格勒，在中路要占领莫斯科，在南方则要夺取乌克兰。为了达到此一目标，他承认需要新编40个师以扩充地面部队的规模。而此一扩充代表空军的优先顺位会被排挤到陆军以下，在西方的飞机损失是会得到补充，但扩张的计划就没有得到批准。对未来而言，更重要的是引进新机型的作业就得往后延了。

这意味着到了1941年6月初时，德国空军的第一线作战力量只比1940年年初时多一点，轰炸机和战斗机总计有3340架。此外，空军部队必须承担的责任也显著增加了：现在西线必须维持780架飞机，加上370架在地中海，另外将近200架飞机要从事德国本土的防空任务，最后只剩下不到2000架飞机可用于巴巴罗萨行动。此一数据不包括运输机、联络机或侦察机，也没有反映出德国的盟国能够做出的贡献，但即使把每一款飞机都算进来，东线上的飞机总数也只有3900架；保守估计苏军方面当时在西部战区拥有7500架飞机，在远东区域还有另外2500架，尽

↑这一系列戏剧性的照片显示出英国皇家海军“南安普敦”级巡洋舰“格洛斯特”号（HMS Gloucester）于1941年5月22日在克里特岛沿海遭受空中攻击而沉没的毁灭景象。对德国空军来说，克里特岛周边的海空战斗是一次重大成功，其轰炸机在狂轰滥炸中一举击沉3艘巡洋舰和6艘驱逐舰，此外皇家海军还有5艘战列舰和1艘航空母舰受损。英军在巴尔干的战役中共折损2.5万人。

管当中有许多是老旧的机型，但数量上的天平看起来对德国空军是严重不利的。

德国空军在巴尔干

这也不是德国空军在1941年时唯一遇到的问题，因为当德国空军正在进行巴巴罗萨行动的准备时，戈林突然奉命支援德军在巴尔干的攻击。意大利在北非和希腊的失败使得南翼洞开，德国对苏联的任何突击都受到潜在威胁，因此希特勒被迫派军协助盟友。隆美尔抵达利比亚，无疑挽救了北非的局势；但巴尔干又是另一回事，不只希腊部队威胁着要把墨索里尼的部队逼退回阿尔巴尼亚境内，在1941年3月底，南斯拉夫爆发革命，推翻了亲轴心国的君主政权，引起了盟军介入的恐慌。希特勒首先下令进行的反制动作就是强化已经部署在保加利亚和罗马尼亚境内的德国空军各部队，将当地作战飞机的数量提升至超过600架。

在巴尔干的胜利

就是这些飞机，再加上由奥地利和匈牙利起飞的飞机，在1941年4月6日对南斯拉夫和希腊的突击中担任先锋。他们轻

↓图为1941年5月，第5山地师正等着登上Ju 52运输机，准备前往克里特岛增援已在当地跳伞和搭乘滑翔机降落的部队。该师在紧急状况下奉命参与水星行动，但却相对容易地适应空降步兵的角色。

↑水星行动的代价惊人：德军空降部队投入了1.3万人，结果有5140人伤亡。如图，因DFS 230滑翔机降落失败而丧生的官兵扭曲的尸首正等待善后，类似这样的损失很难弥补。

松地夺得制空权：第4航空军团总计由1090架飞机编成，再加上660架意大利飞机支援，面对不超过400架南斯拉夫和80架希腊军机，而且当中有许多都是老旧机种。第4航空军团在4月6日一早发动的空中攻击，将大部分敌机摧毁于地面上，使其能够立即集中兵力对地面部队提供密接支援，进行包括侦察、对地打击和远程封锁等任务，后者包括摧毁部队集结点、桥梁、公路和铁路，以及轰炸贝尔格莱德（Belgrade）。这场战役可说是相当短暂，却极为成功。到了该月月底时，德军已经牢牢地控制南斯拉夫，而希腊本土也已经沦陷，迫使英军被分散派去支援巴尔干盟友的部队。

但特别是对德国空军来说，这场战役还没完全结束。早在4月15日，第4航空军团司令罗尔就已表示克里特岛主宰着东地中海航路，地理位置至关重要，应由隶属德国空军的伞兵和空降突击团加以夺取。经过与墨索里尼匆促协商后，希特勒终于首度（同时也是唯一一次）同意派

↑图为1941年5月，德军伞兵登上Ju 52运输机，即将前往克里特岛。在这张照片中可以看到伞兵独树一帜的头盔，中间中士的级别章也十分清楚。这些伞兵全都隶属于德国空军。

出空降部队进行战略性作战。库特·斯图登（Kurt Student）将军的第11航空军下辖1个拥有4个营的空降突击团、3个伞兵团和1个空降师，便立即准备好执行“水星行动”（Operation Merkur），不过一些问题就在这时候出现了，空降师由于无法及时抵达，因此在最后一刻由第5山地师取代；但到了5月20日，德国空军已集结了超过700架Ju 52运输机和80架滑翔机，由650架战斗机、轰炸机和侦察机支援。

克里特岛上的惨重伤亡

5月20日，最初参战的滑翔机和伞降部队遭受了极高的伤亡，在经过一番激战与英军的误判后，德军才终于攻占了马里门（Maleme）、干尼亚（Canea）和伊拉克里翁（Heraklion）的机场，残余的英军则在10日后疏散。在作战的过程中，德国空军给皇家海军造成惨重损失，在一场大规模海空战役中一举击沉3艘巡洋舰和6艘驱逐舰。不过德军攻下克里特岛的代价十分高昂，到了6月1日，德军空降部队投入的1.3万人当中已有5140人伤亡，而德国空军也折损了220架飞机，当中包括119架Ju 52运输机，此一严重损失使得各运输机中队严重失血。这是一个相当惨烈的代价，特别是因为巴巴罗萨行动迫在眉睫。

许多参与巴尔干战役的德国空军部队只有不到三个星期的时间可重新部署以投入巴巴罗萨行动，他们加入了从波罗的海海岸，一路延伸直到匈牙利和罗马尼亚的部队行列，总共分成三个航空军团，每一个都被指派要在即将展开的突击行动中支援一个集团军。在北方，第1航空军团［由凯勒（Keller）将军指挥］部署了430架作战用飞机和大约50架运输机，为陆军元

↓图为1941年6月，驻挪威的第5航空军团司令汉斯·于尔根·史通普夫将军（敬礼者）正在校阅准备动身前往东方参与巴巴罗萨行动的德国空军人员，这些人根本想不到随之而来的梦魇。

→→ 图为1941年，一架都尼尔Do 17P远程侦察机在飞往苏联之前，装配人员正在处理该机机鼻内的一具专用装置。Do 17P被特别设计用来进行这类任务，在巴巴罗萨行动期间，敌军机场和补给堆栈是优先目标。

↓图为在巴巴罗萨行动期间负责支援伦德施泰特南方集团军的第4航空军团司令亚历山大·罗尔（中），正在向德国空军参谋长汉斯·耶顺尼克（Hans Jeschonnek）将军做简报；德国空军的问题导致耶顺尼克于1943年8月自杀。

帅里特尔·冯·李布（Ritter von Leeb）的北方集团军一部分，其主要目标是列宁格勒；当他们前进时，他们将会与从卡瑞利亚（Karelia）出发进攻的芬军部队接触，他们有奈尔森（Neilsen）上校指挥的德国空军飞机支援。第2航空军团由凯塞林指挥，拥有980架作战飞机和90架运输机，其任务是支援陆军元帅博克的中央集团军，他们的目标是攻击并穿越明斯克（Minsk）及斯摩棱斯克（Smolensk），以威胁莫斯科。最后，第4航空军团仍由罗尔指挥，配置了600架作战飞机和90架运输机，将支援伦德施泰特的南方集团军，目标是基辅（Kiev）和哈尔科夫（Kharkov），以夺取乌克兰。

对苏联的攻击于6月22日一早展开。一如往昔，德国空军的首要任务是夺取制空权。尽管德国空军的数量跟苏联空军比起来极不相称，但这次作战却是一次惊人的成功。高空侦察机在战役展开数周前的准备时间内就已标示出机场位置，使得德国空军各单位在6月22日能够把攻击矛头对准这些高价值目标。结局非常戏剧化，估计约有1800架苏军飞机在开战头一

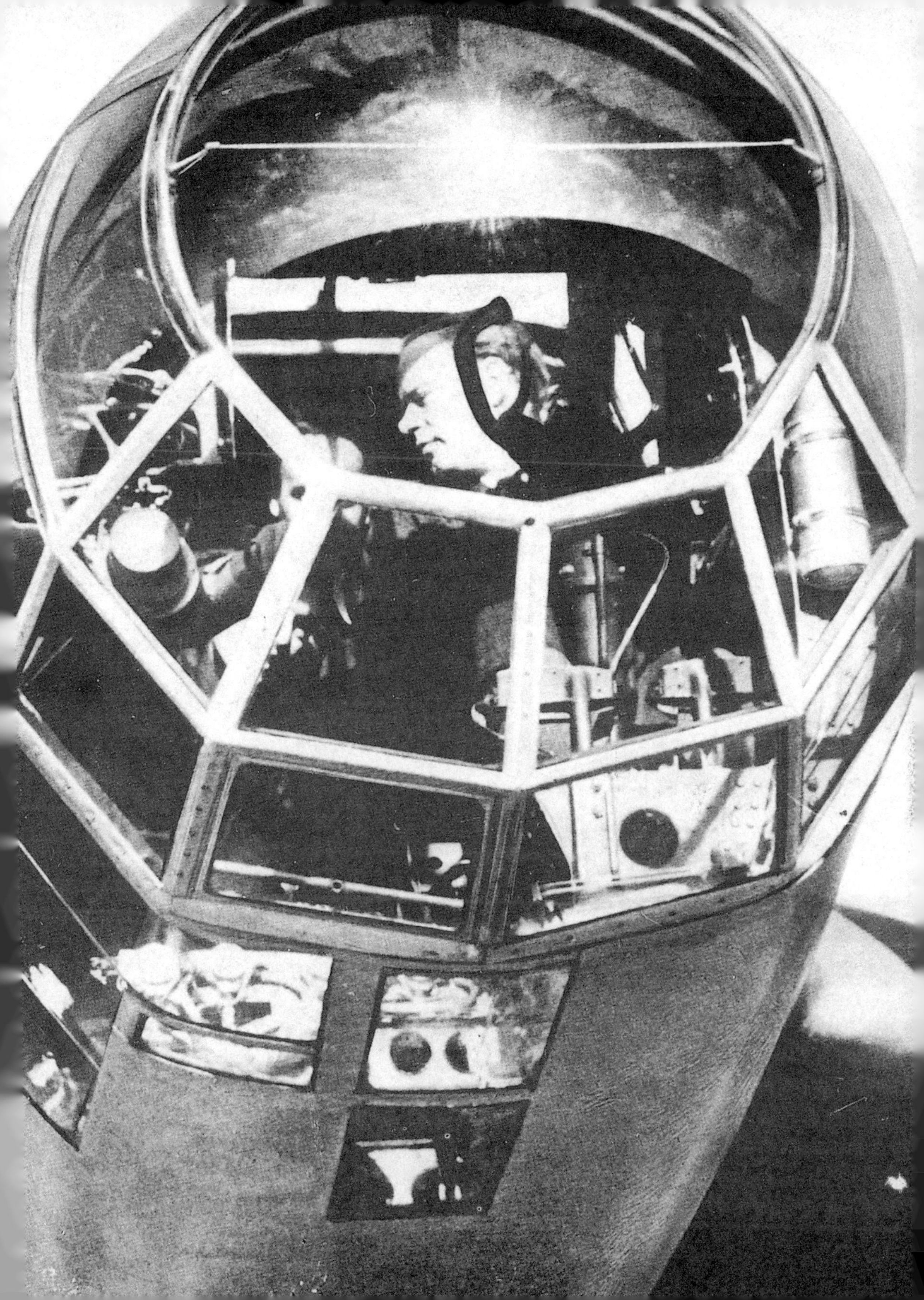

→图为1941年夏季，德军部队穿越一处燃烧中的苏联工业区外围前进。虽然背景中的大火可能是德国空军轰炸机的战果，但也可能是奉行“焦土政策”的苏军撤退时的杰作。

天被摧毁。到了6月29日，德国空军总司令部宣称已经摧毁超过4000架敌军飞机（后来证明此数据是正确的），而德军本身只损失了约150架第一线作战飞机，光是第2航空军团就表示在第一周击毁了2500架苏军飞机。

但拥有全面性的制空权是不可能的，由于战线由北至南延伸将近1600千米，所以一定会有缺口，而许多生还的苏军飞行员就驾驶备用战机作战，但先发制人攻击的成功，意味着德国空军可以马上将重点转移至支援地面部

→在巴巴罗萨行动期间，打击苏军补给线是斯图卡的主要任务。如图，一枚炸弹差点就命中一座横越第聂伯河的浮桥，而一旁的大桥早已被炸断了。注意照片右上角的斯图卡正在离开现场。

←图为一架刚结束俯冲轰炸攻击的容克Ju 87斯图卡，注意机身中线的炸弹挂架已经放下。虽然斯图卡的飞行速度缓慢，遭遇敌机时也相当脆弱，但对没有掩护的地面部队来说依然是一款可怕的武器。斯图卡战机一直服役至1945年。

↓切断前线部队补给的另一种方法就是摧毁苏联的铁路设施。这张照片显示出德国空军在1941年轰炸乌克兰一处铁路调车场后的惨况：仓库被大火烧个精光，车辆也只剩下残骸，除此之外几乎什么也不剩。

↑图为1941年夏季在乌克兰，一架费瑟勒Fi 156“鹳”式轻型观测机利用一条公路作为着陆的跑道。

队。在不列颠之役期间经证明容易遭受损失的飞机，比如Bf 110和Ju 87，突然之间被发现可以在苏联的天空横行无阻，而这两款飞机加上Hs 123就成为战场上空令人熟悉的景象。与早期战役将重点放在封锁、打击部队集结点和交通目标以削弱第一线敌军的实力上不同，德国空军旋即发现直接攻击就在前线上的敌军部队成效更佳。就许多方面而言，他们没有选择，在21个月之内打第五场大规模战役的陆军各指挥官已经变得习惯德国空军夺取空中优势的成果，对密接支援提出相当多要求，

→图为1941年夏季，武装党卫军士兵渡过一条苏联河流。被摧毁的桥梁阻断了敌军的补给，但现在却反过头来拖延德军的挺进。

↑图为1941年，一架容克Ju 88A在苏联境内的机场上发动引擎。Ju 88的最高速度可达每小时467千米，而作战航程超过1600千米，因此是一款相当有用的中型轰炸机，但其载弹量只有1818千克。

而许多传统的“次要”目标如公路和铁路等，在相对原始的苏联社会中并不那么举足轻重；到了6月底，所有出击架次当中约有60%是“直接”支援各集团军部队。

空对地出击

德军发动了先发制人的攻击，其战果相当可观。在北边，李布的部队迅速地通过波罗的海国家并逼近列宁格勒，德国空军的任务重点愈来愈偏重运输而不是对地扫射，Ju 52和Ju 88都被用来空运燃料给前锋装甲部队，但在其他地方，苏联陆军却得承受德国空军的狂轰滥炸。在中央集团军的战区内，古德里安

←图为一名机械士正在修理一架第3战斗机联队“乌德特”的梅塞施密特Bf 109G/R2，该机在东线上被用于对地支援任务。机身前段的隆起部位内是13毫米口径的MG131机枪的闭锁装置。

↑图为1941年，东线上的容克Ju 88A正飞向被分配到的目标。在巴巴罗萨行动初期阶段，德国空军在空中遭遇到的敌军并不多。

的第2装甲军依靠Ju 87俯冲轰炸机的协助，越过布格河并进入布列斯特—立托夫斯克（Brest-Litovsk）；之后，德国空军旗下的各式飞机都被用来确保明斯克和斯摩棱斯克周围的大包围圈没有任何“缝隙”，轰炸试图突围的苏军部队，并在他们的反攻发动前加以消灭。在南方，德国空军相似的行动使得伦德施泰特可以突进深入乌克兰，其行动在古德里安的装甲部队从斯摩棱斯克南边绕道协助下，在9月于基辅周围完成大包围圈的那一刻达到高潮，共有超过66.5万名苏军士兵、884辆坦克和将近4000门火炮被困在基辅“口袋”内，最后全都被德军俘虏了。

其间，德国空军执行了封锁任务，且尽管这些任务不像在先前的战役里那样频繁，但确实造成了冲击。Ju 88、He 111和Do 17在苏军后方进行大范围巡逻，搜索铁路目标、桥梁和补给仓库。希特勒曾坚持让他们不要试图摧毁苏联的工业——他明白苏联的工业相当分散并且难以找出，也彻底警觉到将投入的兵力分散就会弱化其他地方的空中力量。然而德军对其他目标的攻击记录可说是十分辉煌，例如凯塞林的第2航空军团下的第2航空军在1941年6月22日至9月9日间就摧毁了356列火车、14座桥梁和数不胜数的部队集结点，而且其成就绝不是独一无二的。据了解，早在7月9日通往第聂伯（Dnieper）河以西的铁路交通就已完全停顿，瘫痪了苏军恢复主动权的企图。

有鉴于这些成功案例，德军部队在1941年6月和10月之间的长驱直入就一点也不令人讶异了。在北方，列宁格勒到了9月底已被团团包围；在中路，希特勒决定让古德里安转向南边包围

←图为1941年至1942年冬季在东线上，一架挂满炸弹的容克Ju 87斯图卡正在滑行准备起飞。冰冻的地面可以用来开辟跑道，但苏联冬季的低温却在其他方面造成重大损害，尤其是引擎机油也会被冻结。工作人员必须使用特殊的加热器让引擎保持在可以运转的状态，不过至少起飞和降落的时候麻烦相对较少。

基辅之前，斯摩棱斯克也已经陷落；在南边，伦德施泰特在攻克基辅后继续推进以夺取哈尔科夫和罗斯托夫（Rostov）。巴巴罗萨行动看起来就要成功了。

但正当古德里安的部队和中央集团军其他单位于10月初开始向莫斯科推进时，事情开始变得不对劲了。德军在布良斯克（Bryansk）和维亚济马（Vyazma）又进行了包围，俘虏了67.3万人，但到了该月月底秋雨开始落下时，德军的推进就陷入一片泥海之中。装甲部队突然之间发现完全无法动弹，德国空军的遭遇也好不到哪里去，必须想办法处理

←图为1941年，在苏联境内的机场，地勤人员正在以人力推动一架容克Ju 88A，秋雨带来的影响即将开始浮现。

→图为一架都尼尔Do 17S高速侦察机。Do 17S的动力来源是两具戴姆勒-奔驰（Daimler-Benz）DB 600G液冷引擎，但它却没有进入作战中队服役。该引擎被挪用到战斗机的发展计划上，而之后的Do 17S就凑合使用巴伐利亚引擎公司（BMW）的布拉莫（Bramo）323辐射型引擎。

在一夜之间就消失得无影无踪的临时跑道。

11月初，一阵急速的结霜使地面硬化，足以支撑坦克重量，使得装甲部队能够挺进至距离莫斯科30千米以内；但当气温降到-30℃的时候，暴风雪席卷了整个前线，就产生了一连串的新问题。德国空军地勤人员发现他们无法启动飞机引擎，因为油料已经冻成固态，就算飞机可以升空出击，结果也证明根本不可能辨识地面的目标。到了12月初，甚至连希特勒都承认已经不可能有更多进展。战役因为冬季降临而结束，而更习惯恶劣天气的苏军就在这个时候于首都周围地区发动凶猛反攻，但德国空军对于防止德军撤退可说是几乎无能为力。这将会是一个漫长而又艰苦的冬天。

尽管如此，德国空军依然可以带点骄傲地回顾这5个月在苏联境内进行的战役。虽然德国空军在所有时间平均只投入了1400架作战飞机，但各单位在各种地理和天气条件下，设法达成了出击次数超过18万架次的成绩。在这个过程中摧毁了至少15500架敌军飞机、3200辆坦克、57600辆车辆、2450门火炮和1200辆机车头，对地面部队的进军做出不可磨灭的贡献。

德国空军付出的代价也不算太大，总计损失了2093架飞机（有相当高的比例是肇因于意外事故而不是敌军的行动），且这些损失都能够获得补充。的确，

在1941年12月27日，德国空军仍能投入总共1332架水平轰炸机、1472架战斗机和326架俯冲轰炸机，不论就何种估算方式来说这都是一股可怕的力量（从德国空军的观点来看，苏联战役中一个令人不安的方面是各部队在对地攻击任务期间蒙受的惨重损失，当苏联部队遭遇攻击时，他们倾向坚持待在原地，用手边所能得到的任何武器开火，而不是四散奔逃寻求掩蔽，结果就是飞机总会被打到）。

但事实在于巴巴罗萨行动并没有带来预期中的苏联崩溃，因此有必要在1942年发动新一波战役，这令人感到忧心忡忡，特别是当西方和地中海区域的作战仍在进行的时候。到了1941年年底，飞行员和所有其他人员都已经筋疲力尽，新机型的引入时间也已延误，德国空军急需休息并重整，但可惜的是再也没有时间了。

第七章

局势逆转——苏联：1942—1943年

斯大林格勒和库尔斯克会战期间，德国空军在飞机和人员两方面都遭受了骇人损失。德军新飞机服役的速度缓慢，而苏联空军的力量和效能却与日俱增。

↑一架预量产型亨克尔He 177A鹫面狮式（Greif）重轰炸机。对德国空军来说，He 177让他们希望落空，从1939年一直到1942年年底才正式服役。

对德军士兵和空勤人员而言，1941年至1942年东线上的冬季可说是格外酷寒，令人难以忍受。不仅是因为自然条件比任何人预期的都更加恶劣——气温低至-28℃，同时因为从西伯利亚吹来的刺骨寒风，总是让人觉得更冷——而且苏军也立即证明他们能够比敌军更容易适应环境。1941年12月初，在莫斯科周围展开的反攻作战也许导致苏军大量伤亡，但苏军士兵看起来比较不会被天气影响。

德军一直要到1942年2月才遏制住这些攻击。到了那时，德军已经有两处据点被包围，一处是在德米扬斯克（Demyansk），另一处是在霍尔姆（Kholm），两地都位于莫斯科的西北方。戈林奉命以空运对这些被孤立的口袋阵地进行持续补给，结果想不到竟然成功了。在德米扬斯克，第16军团大

←←图为一架亨舍尔Hs 129左引擎冒出滚滚浓烟，从空中急坠而下。Hs 129是专为对地攻击和反坦克目的而制造的飞机，拥有强大的武装和厚重的装甲。

↑图为1942年至1943年冬季期间，在东线冰天雪地的机场里的容克Ju 88A中型轰炸机。地勤人员已经把地面上的积雪清除以作为跑道，但因为过于寒冷，还必须用油布把引擎包裹起来。装在驾驶舱后部的机枪暗示着一场作战即将展开。

↑由于东线上的气温低到引擎机油都会被冻成固体，因此就要想办法让飞机可以维持在能够飞行的状态。如图，Ju 88A的引擎已经装上加热器，而挡风玻璃的表面也被覆盖起来。

↑从这张容克Ju 87D斯图卡的照片中可以看出，东线上的机场在冬季时一片荒芜。由于积雪和极低的能见度，军队不可能进行作战任务，所有能做的就是保护飞机免受恶劣天气的破坏，并等待天气好转。

→图为1942年至1943年冬季期间，一架容克Ju 52运输机正飞过俄罗斯大草原上积雪的荒地。当德军官兵在斯大林格勒被包围时，就是这种飞机试图运送基本补给物资给他们，但最后徒劳无功，因此在充满敌人的空中，Ju 52飞机速度太慢，而且相当脆弱，难以存活。

↑图为1942年，一架阿拉度Ar 196A侦察和海岸巡逻浮筒式水上飞机正准备起飞。这架特别的飞机很可能是隶属于以挪威为基地的第131海上侦察大队，其任务是标示盟军运输船队的位置。

约有10万人被切断，从2月20日开始，从所有战区调派而来的Ju 52运输机（包括德国境内的训练基地）尽其所能地执行多次空运任务，以输送充裕的补给，让士兵们得以存活，但他们要飞越长达160千米的苏军控制区域。这支由将近600架Ju 52运输机组成的机队设法每日运送约305吨的补给，并会在途中遭遇些许尚未从前一年6月的攻击中彻底恢复元气的苏联空军的袭扰。最后地面部队于5月18日解德米扬斯克之围，而差不多在同一时间，规模小得多的霍尔姆口袋也获救。霍尔姆口袋内有大约3500名官兵，主要由空投方式进行补给，或是在更紧急的状况下动用滑翔机，比如DFS 230和哥特式（Gotha） Go 242等进行单趟飞行补给。在德米扬斯克和霍尔姆这两个案例中，德国空军的空勤人员都执行了危险且艰巨的任务，但他们的成功随即反过来纠缠他们。他们总共损失了将近300架Ju 52运输机，这意味

↑图为1942年，在挪威北部的一座港口里，一架都尼尔Do 24T海空救援兼运输飞艇被吊上岸，准备进行维修。它们还要负责追踪盟军运输船队。

↑图为地勤人员正在为一架亨克尔He 111H-6挂上训练用的LT F5b鱼雷，目的是希望可以在北极地区使用这款中型轰炸机以对付盟军运输船队。

→当苏军从1941年的溃败中恢复过来并开始为争夺制空权而战时，德国空军飞机停在地面上的时候就得好好保护。如图，一架缩短机翼的梅塞施密特Bf 109F就停放在一道泥土护墙内侧。机身上的山形纹是代表大队副官的标志。

↓赫尔曼·格拉夫（Hermann Graf）少校佩戴着骑士级铁十字勋章加橡叶、宝剑徽饰。格拉夫于1942年5月17日获颁橡叶徽饰，那时他已经击落了104架敌机。注意他左边口袋上的作战飞行章。

着多引擎飞机飞行员的训练任务被迫缩减；更重要的是，希特勒现在相信不论在任何情况下，都可以借空运来补给被包围的陆军部队。

德国空军在克里米亚

一旦进入1942年4月的春季融冰时期，德军计划人员就开始把注意力转向下一场战役。希特勒已经决定把优先权放在东线南段上，要求进军至顿河（River Don），以保护深入高加索油田进行大规模攻击的侧翼，此作战代号为“蓝色行动”（Operation Blau）。然而在执行本次行动前，从整体来看要先稳定前线。5月时，德军在北方进行攻击，以消灭苏军据守的突出部，而在

←图为德国空军战斗机王牌飞行员埃里希·哈特曼（Erich Hartmann），摄于1944年他获颁骑士十字勋章加橡叶徽饰之后。哈特曼总计在东、西两线参与了超过800次的空中缠斗，官方记录为击落352架敌机，并且在战争过后幸运存活下来。在哈特曼的战斗生涯早期阶段中，他将个人的空战胜利次数记录在座机的方向舵上。此外，随着他的击落数愈来愈多，这些胜利数目都在他获颁的骑士十字勋章和各等级徽饰上显现出来，例如当击落数累计满300架时，他的宝剑和橡叶徽饰就被漆上300的字样。哈特曼在空中是一个天才战斗机飞行员，可以判断子弹的偏差，只需用几发弹药就可以击落一架敌机。当他在第52战斗机联队驾驶梅塞施密特Bf 109时，就把所有的击落数记录下来。

↓图为1943年夏季期间，两架梅塞施密特Bf 109F战斗机飞过东线战场上空。到了这个阶段，Bf 109F已经开始显得有些老态龙钟了。虽然它在哈特曼这类人的手中依然是一款性能优良的战斗机，但现在却遭遇了更优秀的苏军战机。1942年后，Bf 109的主力型号是Bf 109G，占德国空军接收总数的70%以上。尽管它的装备十分齐全，武装也相当强大，但“古斯塔夫”（Gustav）却不像较轻的E型和F型那样好。

更遥远的南边也必须肃清克里米亚，于是德国空军奉命支援所有这类作战，在密接支援方面投入愈来愈多精力，而不是战前偏好的长距离封锁任务。德国空军也许无法保证拥有彻底的制空权，但借由把资源集中在关键地段的方式，仍能压倒敌军。这样的模式在克里米亚展现出良好成效，里希特霍芬的第8航空军在当地

→图为1943年夏季期间，一架Ju 52医疗运输机正在卸载。伤患疏散是Ju 52的主要任务之一，特别是在东线，因为当地的路途过于遥远，用其他的运输方式对伤患来说无法承受。

投下了超过20321吨的炸弹，于6月2日至7月4日间摧毁140架苏军飞机，对德军夺取塞瓦斯托波尔（Sevastopol）做出重大贡献。

到了那个时候，蓝色行动已经展开，但德国空军发现愈来愈难提供所需的飞机和飞行员，特别是因为现在许多战役同时在许多完全不同的地点上进行。德国空军还有一个先前未预料到的任务，就是海上作战，许多单位被调派至挪威，以攻击载运补给驶向莫曼斯克（Murmansk）和阿尔汉格尔（Archangel）的盟国运输船队。到了1942年6月，超过100架Ju 88 和40架挂载鱼雷的He 111，再加上Ju 87、 Fw 200和布隆&沃斯Bv 138水上飞机已经投入封锁运输船队的任务，并获得部分成功。1942年5月时，

→图为1943年夏季期间在东线战场上，受到轻伤的士兵正等待登上一架Ju 52医疗运输机。机身漆上红十字的图案是希望能够免受攻击，却无法保证苏军会予以尊重。

↑图为1943年春季的列宁格勒前线，一架第53轰炸机联队“秃鹰兵团”的亨克尔He 111H-6正等待挂弹。这架飞机停在特别修筑的密实土堆上，很可能是为了避免陷入泥泞。

PQ16船队遭到严重打击，损失了7艘商船；两个月之后，时运不济的PQ17船队总共拥有的34艘商船中有24艘被击沉，仅空中攻击就炸沉7艘。这对德国空军的投资来说是相当良好的回报，但也意味着在东线上可用的飞机数目愈来愈少。

深入斯大林格勒

当蓝色行动于6月28日展开后，戈林麾下空军部队的战线就跟着延伸了。德国空军从东线上的其他地段搜罗飞机，集结了一支由将近1600架轰炸机和战斗机组成的庞大机队，但几乎没有备用飞机，而且许多飞行员都刚经历过德米扬斯克、霍尔姆和克里米亚的激战，身心极为疲惫。即便如此，德军初期的攻击还是获得了成功，尤其是因为德国空军持续应地面部队要求进行支援，他们现在希望一有机会就能得到密接支援。德国空军扮演的角色比较类似攫取和维持战场上的制空权，使轰炸机和俯冲轰炸机可以标示并打击敌军部队目标。到了7月6日，南方集团军已经渡过了沃罗涅日（Voronezh）对面的顿河，包围并歼灭该河以西的大部分苏军部队。德军之后应该暂时停止前进，并将行动的重点转移至攻占罗斯托夫并深入高加索；不幸的是，希特勒的介入将南方集团军分为A集团军和B集团军，前者继续向高加索方向前

→图中是一架阿拉度Ar 232B-0四引擎通用运输机，摄于1943年。这款运输机只生产了4架，于1943年至1944年在苏联服役于补给运输大队（Ergänzungs-Transport Gruppe），它们似乎曾在当地参与秘密任务。

进，而后者就沿着顿河向南推进，以掩饰德军已觉察苏军在斯大林格勒周围的准备工作。当希特勒于7月30日再度介入时，情况更加恶化了，这一次他坚持由第4装甲军团和第6军团担任先锋部队的B集团军必须占领斯大林格勒，而不仅仅只是加以干扰。这是一个致命的决定，因为德军不是针对单一一个作战目标进行协调的攻击，而是分散兵力，试图在两个分叉的方向上进军，这将会使可用于分配的资源濒临极限。

德国空军鞠躬尽瘁

德国空军对此的感受格外深刻，到了7月中旬，其局部战斗力已削减至1300余架飞机。这些飞机的空勤人员现在被指望在超过4320千米长的战线上将密接支援任务维持在现行水准，同时要满足希特勒所提出袭击远至里海阿斯特拉罕（Astrakhan）的苏

→1943年，一架很可能隶属于第4轰炸机联队“韦佛将军”（General Wever）的亨克尔He 111H为了对抗苏军的空中突袭，已经进行严密的伪装。一旦德国空军不能保证握有制空权，其飞机在停放于地面上的时候就必须分散开来，并加以小心的伪装，如此一来便缩减了作战行动自由和反应时间。

←图为1943年夏季期间，一架Ju 52运输机正准备在东线一条草地跑道上降落。无边无际的平坦大草原确实是相当令人心旷神怡的景象；但是对那些在这样的地形上战斗的人来说，它似乎无穷无尽，而飞机时常是确保快速机动的唯一渠道。

军补给线的额外要求。

德国空军获得了些许成就，到了8月9日，A集团军辖下的单位在德国空军支援下，已经向高加索推进了将近320千米，而在两周后，也是在德国空军的支援下，弗里德里希·保卢斯（Fredrich Paulus）将军的第6军团已经进抵斯大林格勒北边的伏尔加（Volga）河，却无力持续下去。当飞机因遭遇敌军攻击，或是在此一阶段更常因作业意外而损失时，他们无法以足够快的速度获得补充，而缺乏保修设施和空军基地使他们连简单的维修保养都要到很远的地方才能进行。此外，德国空军人员也被要求执行许多任务，时常在一天之内飞4趟或5趟出击，而他们面对的敌人却因为本身的工业输出［其工厂都安全地藏匿在乌拉尔（Ural）山后方］和英美运输船队的协助，使得自身空中力量渐渐地恢复过来。

解救斯大林格勒的企图

随着斯大林格勒会战的进行，这样的状况可说是愈来愈明显。当保卢斯试图在1942年9月攻占这座城市时，尽管德国

↑图为1943年在东线，一个德军脚踏车部队的士兵正从一架Ju 52运输机上下来。为了克服苏联的辽阔大地，空运和脚踏车不得不结合在一起，但这两种运输方式在面对苏军的武器时都相当脆弱。

空军以可动用的各实战部队做出超人般的努力，但他的部队还是被挡住了。这场会战接着便恶化成一场巷战梦魇，德国空军就无法在当中做出多少贡献了：敌军阵地太靠近德军战线，而过度的轰炸仅仅只是增加了额外的瓦砾堆，让苏军步兵可以躲藏在里面。

到了10月，保卢斯的部队待在原地一动也不动，苏军在一个月之后攻击他防守薄弱的侧翼，并在一场杰出的机动作战中将其包围在这座城市内，将近30万德军官兵占领着一个大约48平方千米大的口袋阵地，而冬季也在此时到来了。即使德军从城市外部发起的一波反攻挺进至离被包围部队不到56千米的范围内，希特勒还是拒绝批准突围行动，他反而回想起在德米扬斯克和霍尔姆获得的成功，命令戈林由空中给保卢斯的部队运输补给（这位空军首领向希特勒保证麾下的空军部队可以给在斯大林格勒被围困的第6军团运输补给）。

斯大林格勒：不可能的任务

这是一项不可能的任务。若要存活下来并有能力进行战斗，保卢斯的军团每日需要约762吨的补给，但即使把这个数字降低至只能确保军团生存的508吨——当中包括宰杀所有的马匹，再将马尸作为部分肉类配给来源，德国空军的能力还是无法满足这个数量。在一趟飞行任务中，一架Ju52运输机仅能运载2吨的补给，但在现实中德国空军提供250架至375架飞机都没有用，这是一个很简单的算术问题。

东线上大部分的运输机单位都发现在冬季里很难将作业量维持在35%以上，所以获得这项不值得羡慕的空运协调任务的第8航空军，在刚开始时投入320架Ju 52运输机，但它们当中只有少数是完全胜任的，因此冯·里希特霍芬必须运用改装的He 111和任何其他可用的大型飞机，这些飞机包括Fw 200、容克Ju 90、Ju 290和亨克尔He 177，结果证明当中没有几种适合用来进行运输任务，也没有哪一种可以通过苏联冬

↓1943年，在东线经历了巨大损失后，德国的人力开始短缺，并在被占领的西欧国家扩大征募规模。照片中是佛兰芒人（Flemish）的志愿人员，穿着党卫军制服，还戴着德国空军的头盔。

↑图为1943年在东线，一架亨克尔He 111H轰炸机正停放在机场上。一旁堆放着许多炸弹，暗示着地勤人员将要在出击前为飞机挂弹。若是没有战斗机保护，He 111可说是相当脆弱。

季条件的考验。再者，当空运行动进行时，苏军的地面攻击渐渐地将德国空军基地向后推，远离斯大林格勒，因此到了1943年1月初时，有些运输机就必须在骇人条件下应对迅速复苏的苏联空军，来回飞行将近800千米的航程执行任务。在天气好的日子里，德国空军可设法运送304吨补给，但平均数字却比较接近203吨，而在某些时候根本就无法起飞执行任务。很明显地，这样是不够的。

最大的努力终究白费

其间，保卢斯的官兵除了寒冷和饥馑之外，还要忍受苏军持续的进攻。1月16日，他们失去了口袋内皮托尼克（Pitomnik）机场的控制权，而唯一剩下来可供运输机起降的地方是小得多的古姆拉克（Gumrak）简易机场；当古姆拉克简易机场也在1月21日陷落后，德国空军可说是再也无法继续做贡献了。德国空军空投了一些补给，但那时德军的口袋阵地已经缩小到大部分空投的物资都落到了苏军战线后方。

1943年1月31日，保卢斯率领军团残部投降，部分被孤立的部队则继续坚持了48小时。根据官方说法，这场空运行动前后持续了70天（1942年11月25日至1943年2月2日），德国空军在这当中一共飞行了3500架次运输任务，只设法运送了超过6604吨补给，并疏散了约3.4万名伤员。不过其付出的代价也十分惨痛，第8航空军总计损失了488架飞机，当中有266架是Ju 52运输机。

数字的消长

但即使在保卢斯投降之前，苏联陆军就已经抓紧机会推进，逼迫其他德军部队退回哈尔科夫后方。到了3月时，虽然德军的反攻已设法稳定了局势，但德国空军第一次无法保证提供支援。德国空军在冬季时的损失尚未完全获得补充，而地面上的状况也相当恶劣，特别是在春季融冰期间，空军基地因此无法维持各飞行中队的运作。更令人担忧的是，苏联空军开始出现在战场上，以潜在压倒性的数目投入性能更佳的新式飞机。其中一个后果就是原本在密接空中支援任务中角色极为重要的Ju 87，一夕之间就变得非常容易被击落。就好像不列颠之役时显示出来的那样，在由行动迅捷的拦截战斗机主宰的空中环境里，飞行速度缓慢且逐渐被废弃的俯冲轰炸机并没有办法存活得太久，而斯图卡的替代机种发展进度落后，也无助于这样的状况（亨舍尔Hs 129B仍需要进行战场验证），但就在此时，苏军的对地攻击技术因为使用了专为此目的而生产的伊留申（Ilyushin） Il-2对地攻击机（Sturmovik）而不断地精进。

德国空军在库尔斯克

在“堡垒行动”（Operation Zitadelle）期间，当希特勒命令麾下第9军团和第4装甲军团攻击在库尔斯克（Kursk）市周围突入德军战线的苏军突出部两侧翼时，便可以看出东线上空中力量平衡的逐渐转移。如果本次作战在1943年3月突出部刚出现的时候就执行的话，胜算也许相当高，但德军方面的条件已无法配合发动如此匆

↓图为一架Hs 129密接支援机，摄于战后被美国陆军航空队测试的时候，因此机身上的涂装是假的。有些Hs 129装有一门75毫米反坦克炮。

↑耶顺尼克于1943年8月自杀后，德国空军的君特·柯尔腾（Günther Korten）将军接替他担任参谋长。柯尔腾就像他的前任一样，发现难以与戈林共事。

促的攻势。地面部队需要重新装备［特别是新型的“豹”式（Panther）坦克和“虎”式（Tiger）坦克］，而德国空军也强烈要求需要时间进行整补，因此攻势一直到7月5日才展开，这给予了苏军充裕时间准备可怕的防御措施。

希特勒设法集结了一支庞大的部队，总计有超过90万人、1万门火炮和2700辆装甲战斗车辆，支援他们的是德国空军1800架飞机——第4航空军团在南边拥有1100架飞机，支援第4装甲军团；而位于北边的第1航空师（Fliegerdivision）投入了700架飞机，负责支援第9军团。此外德国空军也将一款新型飞机带到战场上，也就是亨舍尔Hs 129B反坦克攻击机。 Hs 129B被编入一个由布鲁诺·梅尔（Bruno Meyer）上尉指挥的部队，在实战中显示其可有效对付苏军坦克，它们的30毫米口径钨心弹于7月9日挡住一个苏军装甲旅的挺进，并迫使其撤退。

但只是这样还不够。尽管德国空军一再投入航空兵力（有些飞行员在会战的第一周一天之内就出击了6次至7次），但结果证明苏军的防务是个圈套，一道又一道布置良好的防线使地面部队动弹不得。苏军在这场会战过后随即恢复攻势，而当德军奋不顾身地试图重组防线时，德国空军就被迫为地面单位提供空中支援，他们虽然达到了目标，但在作战过程中却开始耗尽燃料。到了7月23日，德军就回到了攻击

→ 1943年夏季，当苏军部队朝德军阵地挺进时，遭受了猛烈的炮兵和空中攻击。如图，前方的士兵正好被弹片击中。

发起阵地。

随着库尔斯克攻势的失败，德国空军集中大部分兵力支援企图防御顿内次（Donets）河一线的陆军部队，然而空军兵力过度透支，各单位为了回应苏军的行动而疲于奔命，必须不断地在战线两端来回转移。一个不可避免的结果就是苏军在1943年年底于收复领土方面大有斩获，他们把德军逼退至第聂伯河后，离战前边界只有320余千米而已。如果这只是唯一的一块战场，德军也许还能够恢复实力，但到了1943年，战争在多条战线上同时进行的战略梦魇已经成真，许多战斗机部队退回本土，在德国的天空中对抗盟军轰炸机。

↑容克Ju 87G在机翼下配备了37毫米口径的Flak18机炮。德国空军于1942年时决定在斯图卡上安装机炮以进行反坦克任务。

↓图为库尔斯克战场上一门伪装良好的德军75毫米Pak40反坦克炮。在空中，德国空军无情地痛击苏军阵地，试图突破其防线。

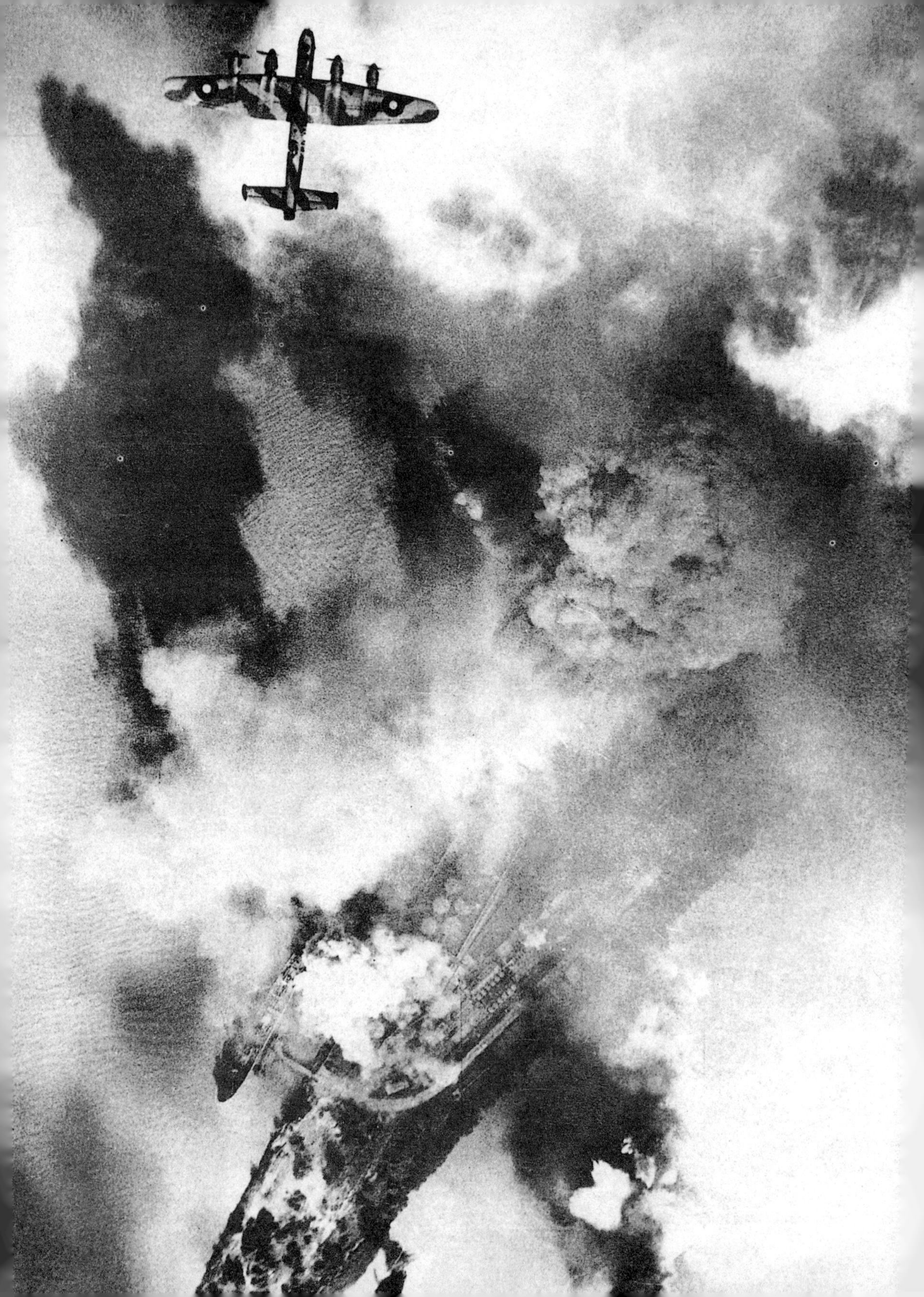

第八章

防卫帝国的天空

盟军对德国进行的轰炸战役陆陆续续地展开，此时，德国空军无力阻止第三帝国的城市和工业遭受毁灭。

←图为1943年，福克-沃尔夫Fw 190A战斗机在一处相当简易的机场上滑行，准备起飞。Fw 190在1939年6月首度进行试飞，于1941年中期开始配发给前线部队使用。

一直到1942年为止，德国的整体情势看起来都没有投入庞大数量的战斗机甚至是高射炮来防卫领空的需要。英国皇家空军轰炸机司令部在1940年和1941年发动的空袭断断续续，而在大部分的情况下，其造成的损害微不足道；英军从日间攻击转为夜间攻击，对导航和打击精准度都造成不可避免的影响，这的确是德军现有防空体系的成功。到了1941年8月，英军被迫承认在对德国鲁尔（Ruhr）发动的空袭中，只有大约1/3的飞机是将炸弹投在距离预定目标8千米的范围内。当其他地方的德军部队正在攻占巴尔干并突进深入苏联的时候，德国当局看起来不是很需要提高国内的防空能力。

此一状况可由德国境内维持的防空用飞机数量来说明：在1940年时仅有165架，过了一年之后仅增加至超过300架，但在这段时间内彻底消除防空努力将会是一个错误。早在1940年7月时，戈林就指派约瑟夫·卡姆胡

←←1944年8月4日，英国皇家空军出动了288架艾夫洛（Avro）的兰开斯特轰炸机，对位于波尔多（Bordeaux）附近贝克东柏（Bec-d'Ambes）和波雅克（Pauillac）的油库进行日间空袭，图为其中的一架。

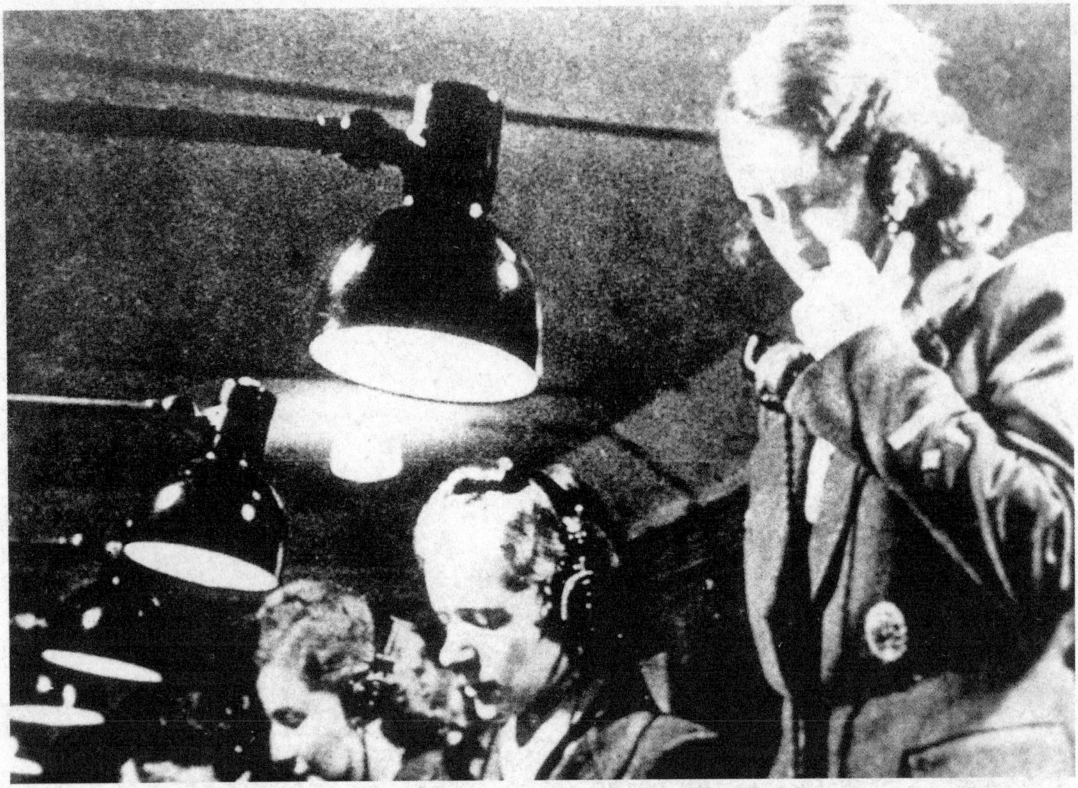

↑1941年，照片中一名德国空军妇女辅助队女总分队长正在协调空防工作（由其袖子上的一杠三星可以看得出来），她负责指挥与夜间战斗机基地和高射炮阵地保持联络的女性话务员。

→→图为1942年，德国境内一个128毫米口径的Flak40高射炮兵营正准备开火。Flak40于1937年设计并测试，能够将26千克重的炮弹投射至最高达14800米的垂直高度，使其具备对付盟军轰炸机的可怕能力。

伯（Josef Kammhuber）将军发展夜间空防，他的革新为未来奠定坚实的基础，其防空体系理所当然地就以“卡姆胡伯防线”（Kammhuber Line）之名为后人所知。

这道防线最后从丹麦一路往南延伸至法国，其中间点是一个被昵称为“四柱床”（Himmelbett）的配置，在当地从英国至德国心脏地带的可能路径被分成几个“区”，每个区都由雷达、战斗机、探照灯和高射炮协同防御。首先由固定位置的弗莱亚（Freya）远程雷达捕捉即将来袭的机群信号，一等到轰炸机群逼近的时候，就交由搜索距离较短的伍兹堡（Wurzburg）雷达接替继续追踪，并与夜间战斗机地面控制站连线。他们将会引导别的战斗机至轰炸机群的航向上，然后交由飞行员通过视觉辨别的方式进行拦截。如果不可行的话，夜间战斗机会尾随轰炸机群直到探照灯的照明区；如果这个方法也失败了，就轮到靠近目标的高射炮大显身手。这整个过程在当时是极为复杂的。

德国空军的报复性空袭

然而在1942年年初，英国皇家空军改善了其作战能力，首度

↑ 图为1944年，一名高射炮兵妇女辅助员（Flakwaffenhelferin）正通过火炮瞄准器来校正一门重型高射炮的高低角。从1943年10月起，德军开始运用志愿的德国空军妇女辅助人员来提升防空单位的战斗力，以使得男性人力参与前线战斗。

↑图为1944年，高射炮兵妇女辅助员中的一名资深妇女辅助员（由左袖上两道山形纹可以得知）正在一门重型高射炮旁操作高低机转轮。女性志愿人员从未在德国境外服役。

部署了四引擎重轰炸机，并且在空军中将哈里斯（Arthur Harris）的领导下，以“区域轰炸”为基础并加以改良，发展出一套新战略。在当中，轰炸的目标包含整座城市，而不仅限于城市中的工厂，所以这套战略降低了对高精准度的需求，并提高了民生毁灭的层级。例如在1942年3月28—29日，吕贝克市（Lübeck）在空袭中被夷为平地，将近一个月之后则轮到罗斯托克（Rostock）。在这两个案例中，轰炸机源源不绝地飞来，卡姆胡伯防线显得毫无招架之力。

希特勒对此事大发雷霆。在吕贝克市遭到空袭后，他立即命令第3航空军团对英国进行报复性空袭，第一场攻击于4月23—24日进行，45架都尼尔Do 217轰炸机攻击了埃克塞特（Exeter），而德军在第二天又对同一目标进行了一轮空袭。就在英国皇家空军空袭罗斯托克的当天晚上，德国空军空袭了英国巴斯（Bath）。而就是这起事件使得希特勒在一场对德国人民慷慨激昂的演说中，手里拿着一本战前的贝德克（Baedeker）英国旅游指南不断挥舞，宣布将会一个接一个地毁灭这本书上的每一座城市。

从那时起至7月底为止，在被称为“贝德克空袭”的行动里，德国空军的轰炸机于英国上空四处横行，袭击了诺里奇（Norwich）、埃克塞特、约克

←图为武装党卫军人员正在演练操作一门20毫米口径的Flak38四联装轻型高射炮，而前来视察的德国空军军官就在一旁观看。

↓图为1944年9月，盟军空降部队在荷兰南部空降，以夺取马斯（Maas）河、瓦尔河和莱茵（Rhine）河下游的桥梁。英国皇家空军于9月16—17日攻击阿纳姆（Arnhem）的机场，为“软化”程序的一部分。

↑图为在英国皇家空军对阿纳姆机场的空袭过后，一队德国空军修理和回收小组正靠在一架严重受损的Ju 52机翼上。虽然从外观看起来Ju 52可以修复，但这次空袭显然应该是成功的。

（York）、赫尔（Hull）和伯明翰（Birmingham），这些空袭行动当中有一些可说是极具毁灭性，比如埃克塞特于5月3—4日第三度遭到空袭，引发大火。但由于德军飞机损失数量不断增加，而可用的备用飞机又不足，第3航空军团无力持续进行作战，空袭行动就渐渐地停止。除了德国空军于1944年年初对伦敦进行一系列短暂攻击之外，这是它在英伦诸岛上空的最后演出。

其间，英国皇家空军持续提升作战能力，并于1942年5月30—31日对科隆（Cologne）发动首次“千机大空袭”，考量到未来即将发生的事，这次空袭并没有造成实质性的损害，却表明德军的防空能力愈来愈需要进行改进。在这段时间内同样遭到空中攻击的城市还包括汉堡（Hamburg），该市在1943

要求将非必要平民撤离该市，于是有超过100万人被疏散）。

年7月时遭到英国皇家空军两度空袭，其供水系统和民防设施在第一波空袭中被摧毁殆尽，而且轰炸机在第二波空袭中投下的燃烧弹引发了多场小型火灾，并且随即连成一片，一发不可收拾。结果小火汇聚而成的火风暴烧死数以千计的人，而英国皇家空军在7月30日又进行了第三次空袭（不过就在前一天，当局应当地纳粹党主管要求将非必要平民撤离该市，于是有超过100万人被疏散）。

另一个迫在眉睫的灾难的预兆于1942年8月降临，也就是首批从英国基地出发的美军轰炸机开始进行大规模空袭时。首先重武装的B-17“空中堡垒”（Flying Fortress）和B-24“解放者”（Liberator）轰炸机将其日间空袭行动局限在法国德军占领区、比利时和荷兰境内的目标，但他们的现身预告了一场全新战役的展开，迫使德军要一天24小时守护他们的家园，因为现有的防御体系绝对无法应付。

德军防御体系的增强

为了回应盟军的空袭，德国空军在西线的战力于1942年年底已增至将近400架夜间战斗机和200架日间战斗机，并配置了共有超过1100门高射炮的高射炮部队支援。此一增援对其他地方的影响可说是相当重大，因为几乎被派去增援的飞机都要由现有的部队抽调，米尔希已尽全力提高产量，但要看到效果还得花上一段时间，并且还会妨碍到新机型的研发。

现在战争已经进入了第四年，但德国空军装备的飞机型号仍是战争开始时就已经在第一线服役的机型，当中有一些，比如Bf 109和Ju 88，不但已经进行过速度、武装和续航力方面的改良，将来也会继续发展下去，但其他

的飞机，例如Bf 110和Ju 87，可说是已经过时了。他们计划中的替代机种——最值得注意的是亨克尔He 177与梅塞施密特Me 210远程战斗机——已因为发展资金不足而深受影响，使引入的进度也严重落后，甚至当它们投入服役的时候，初期阶段发现的各种问题也使得它们带来的冲击远远不如预期。

反轰炸机战术

在这样的情况下，德军空防在1943年和1944年年初所能发挥多少效果就相当值得注意。当盟军的空袭行动变得愈来愈精密复杂的时候，例如英国皇家空军引入了欧波系统（Oboe）和H2S精准盲目轰炸雷达系统以提高准确度，而美军则采用“箱形”编队飞行以保护轰炸机，德军则设法在日间和夜间给盟军造成可观的战斗损失。一旦美军于1943年年初开始穿透德国领空打击U艇基地和设施，配备20毫米机关炮与翼下火箭的Bf 109及Fw 190就被用来进行打散“箱形”编队的迎面攻击，使得落单的飞机容易被击落。这样的攻击技巧

←也是1944年9月16—17日的同一场空袭，上一波的德国空军修理和回收小组已经完成任务，而一架Ju52的残骸（机身前段和翼根）已经被移到路边等待回收。它们已没有太大价值。

在1943年8月及10月使美军的惨重损失达到顶点。当时美军第8航空军的B-17轰炸机试图空袭雷根斯堡（Regensburg）的梅塞施密特工厂，以及施韦因富特（Schweinfurt）的滚珠轴承工厂，结果在这两次空袭行动中都有60架“空中堡垒”轰炸机被击落，使得美军被迫暂停行动并重新思考战略。

“野猪”与“家猪”

德国空军对英国皇家空军夜间轰炸作战的反应更加复杂。卡姆胡伯防线在1943年初期依然有效，不过其防卫能力已因为英军采用轰炸机群的策略而减弱，更因为英军装备了“窗户”（Window），也就是由轰炸机投掷薄铝片以干扰敌方雷达使其防护能力降低。这项装备于7月底至8月初在对汉堡的毁灭性空袭中首度登场，估计约有5万人在该次空袭中不幸身亡 。但卡姆胡伯防线是可以加以修正的，一个由哈约 · 赫尔曼（Hajo Hermann）少校建议并采用的方法（他也建议使用飞艇轰炸美国本土，可由埋伏于海岸外的U艇补充燃料与弹药）是将夜间战斗机集结在目

↑图为在1944年9月16—17日的同一波空袭中，容克公司位于阿纳姆的厂房也被击中。到了战争中的这个阶段，英国皇家空军已经握有足够的空中优势，可以进行类似的攻击而不会遇到太多危险，德国空军再也无法有效作战了。

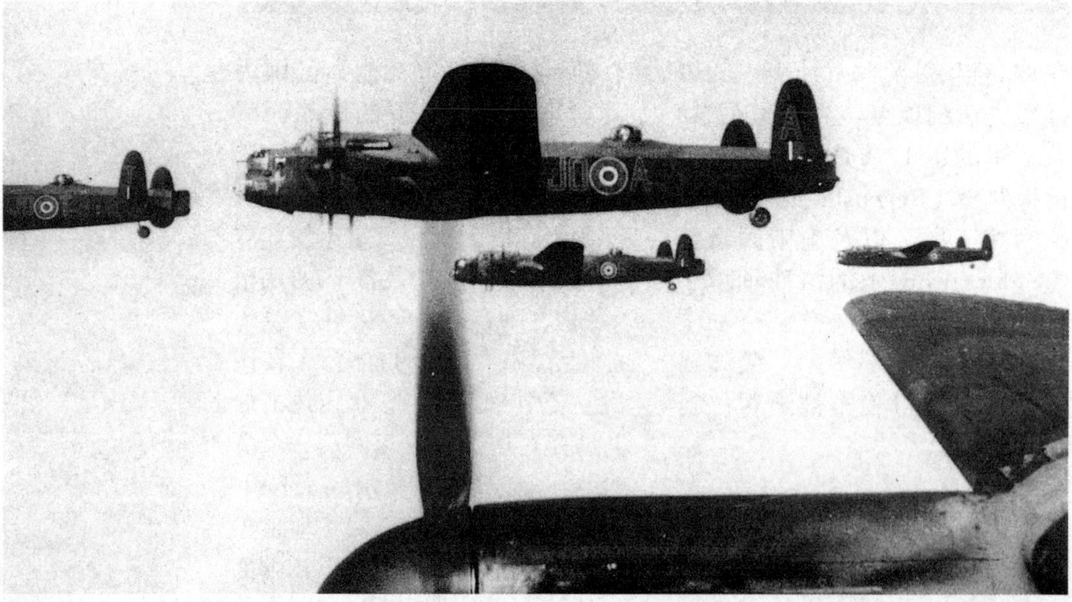

↑图为1944年，英国皇家空军轰炸机司令部第463中队的兰开斯特轰炸机编队正对被德军占领的欧洲进行空袭。兰开斯特轰炸机被用来执行夜间作战任务（机身也依此目的进行涂装）。

↑图为1944年，美国陆军第8航空军第381轰炸大队的波音B-17轰炸机在飞越德国上空时产生了独特的凝结尾流。先导机是一架B-17F，跟在后面的则是B-17G 。

↑ 图为1944年9月，两架Ju 52在阿纳姆被炸毁的另一番景象。

↑图为1944年，波音B-17“空中堡垒”轰炸机正对准德国境内的目标投下炸弹。机身下方的“垃圾桶”是H2X雷达罩，安装在原本的球形炮塔位置，显示这架特别的飞机是一架领航机。

↑图为1944年，一架先导的B-17投下炸弹，作为指示其他僚机投弹的信号。虽然这些飞机以松散的编队飞行，但它们的机枪射程仍覆盖其他的飞机，以便相互掩护。中央的那道白烟很可能是来自一架正在坠落的B-17。

←图为1944年，德国空军王牌战斗机飞行员库特·布里根（Kurt Buhligen）（右）正与一名同僚讨论战术。布里根在击落第96架敌机之后，于1944年3月2日获颁橡叶徽饰。

标上空，而不是沿着接近的航线部署，利用英军照明弹的闪光和德军探照灯照明敌军轰炸机。此种方法被称为“野猪”（Wilde Sau），它排除了夜间战斗机依靠互相协调的雷达系统以制导它们抵达轰炸机群所在位置的需要，不过在同一时间，轰炸机群就在需要集结的时候被切断。“野猪”这一方法不是特效药，但至少在德军发展新型雷达设备的时候，为德国城市提供了些许掩护，而新型雷达可以在“窗户”的干扰下继续运作。稍后此一方法的改良被称为“家猪”（Zahme Sau），将夜间战斗机制导至轰炸机群的位置，就依照地面雷达屏幕显示被“窗户”干扰冲击的那一刻所指示的。一旦

↓图为欧根·梅尔（Egon Mayer）中校（中间着短裤者）正在参观他于白天击落的一架美国陆军第8航空军B-17轰炸机的坠毁现场。梅尔在获得第63次空战胜利后，于1943年4月16日获颁骑士十字勋章加橡叶徽饰（正挂在他的脖子上）。到了1943年，盟军的轰炸战役迫使德国拨出飞机和资源以对抗此一空中威胁，此一战役由英国皇家空军轰炸机司令部和美国陆军第8航空军共同进行，美军负责攻击特定的工业目标，英国皇家空军则攻击城市，后者的战略造成了一些惨重伤亡。例如在1943年7月对汉堡的空袭期间，其引发的火风暴毁灭了该市70%的部分，共有超过3万人遇难，可说是即将降临的灾难的预兆。尽管如此，德军在1943年时开始更有效率地组织其空防，以结合卡姆胡伯防线和部署更多战斗机的方式来对抗盟军的狂轰滥炸。

↑图为一名资深的飞行员正向中队里的新手讲解战斗机技术的优点。他手上拿的模型看起来是一架福克-沃尔夫Fw 190，而他的身后就有一架真正的飞机。

双方接触后，它们就会渗透入轰炸机群中，在任何时候尽其所能地挑选出目标，甚至在伴随英国皇家空军轰炸机返回英国的基地时也一样。

科学技术也在当中扮演了一定的角色。比如Ju 88和Bf 110之类的夜间战斗机都装备了机上拦截雷达，因此一旦被制导至轰炸机群后，它们就可以追踪个别的轰炸机，而不用担心会有任何干扰。最有效的机载雷达是SN-2列支敦士登（Lichtenstein）雷达，其以比伍兹堡陆基雷达低很多的频率运作，因此较不会受到“窗户”的干扰，而安装在机鼻上的雷达天线阵列随即变成夜间战斗机的显著特征。有些夜间战斗机也会装置特殊的向上开火机关炮，被称为“爵士乐”，因此它们可以在英军轰炸机正下方的位置飞行，而轰炸机组员却无法察觉，然后就沿着整个机身开火扫射，击毙机组人员并引爆油箱。结果证明此一方法非常有效，英国皇家空军机组人员有时候就被告知，德军蓄意使用看起来像是一架正在爆炸的轰炸机的高射炮炮弹以使他们的士气瓦解 。几乎没有轰炸机组员真的相信确有其事，不过所有的人都察觉到高射炮的防御火力变得愈来愈有效。

防卫领空

在1943年时，随着时间的过去，希特勒下令将各战区的所有高射炮部队调回德国，试图阻止轰炸机的肆虐，并将它们集结在关键地点的四周，比如鲁尔及柏林等。此一做法提升了防卫火力的等级，但也使得苏联和意大利境内的前线地面战斗部队突然之间就丧失保护。而一部分被撤回的高射炮部队装备的是88毫米炮，他们原本在反装甲任务中扮演致命且极为有效的角色，如此一来问题就更严重了。

不过，在高射炮火力、探照灯和改进的夜间战斗机战术三者联合作用下，德军还是对进攻的夜间轰炸机造成惨重伤亡，例如在1943年11月18日至1944年1月底之间所谓的“柏林之役”期间，英国皇家空军仅仅在对德国首都的14次空袭中就损失了384架飞机。此外在1944年3月30—31日夜间对纽伦堡（Nuremberg）的空袭中，轰炸机司令部派出的795架轰炸机中有95架被击落，看起来德军空防似乎占了上风。

高消耗率

然而事实并非如此，在胜利的表面下，问题马上就到了紧要关头。到了1943年7月，投入防空

↑赫尔穆特·伦特（Helmut Lent）上校是德国空军战功最显著的夜间战斗机王牌飞行员之一。他在1942年6月6日获颁骑士十字勋章加橡叶徽饰，此时他已击落共计35架夜间轰炸机。

↑戈登·格洛布（Fordon M. Gollob）因为击落85架敌机，而于1941年10月26日获颁骑士十字勋章加橡叶徽饰。格洛布于1945年1月15日取代加兰德出任战斗机总监，当时他已晋升至少将。

→海因茨-沃尔夫冈·施瑙费尔（Heinz-Wolfgang Schnaufer）是德国空军最顶尖的夜间战斗机王牌飞行员，到最后累计了121架的击落记录，当中大部分是英国皇家空军的兰开斯特和哈利法克斯（Halifax）轰炸机。英国皇家空军官兵以他在比利时境内的基地为名，称他为“圣托德的暗夜幽灵”（Night Ghost of St Trond）。他并未在战争中阵亡，而是幸运地活到战后。

作战的飞机数量已多达约800架日间战斗机和600架夜间战斗机，对于德国空军在其他地方的战力造成不可避免的影响。更重要的是，许多拥有优秀技巧的战斗机飞行员都参与了保护德国城市的作战，一旦他们的阵亡数目上升，德国空军就会丧失许多最佳的飞行员。虽然有些人是在夜间空对空战斗中被轰炸机的机枪火力击中阵亡，或是偶尔被己方的高射炮单位发射的炮弹击中，但大部分的伤亡还是在日间由美军造成的。原因相当简单：在B-17轰炸机对雷根斯堡（Regensburg）与施韦因富特（Schweinfurt）的空袭行动蒙受惨重损失后（当然这些损失可以获得比德方快上很多的速度弥补），美军各指挥官已专注于发展护航战斗机，其能

↓图为1942年夏季，工厂试飞线上的3架福克-沃尔夫Fw 190A-0正在启动引擎。在前方的是一架“小翼”改装版，后方的两架则是“大翼”版。就战斗机而言，Fw 190的表现优良。

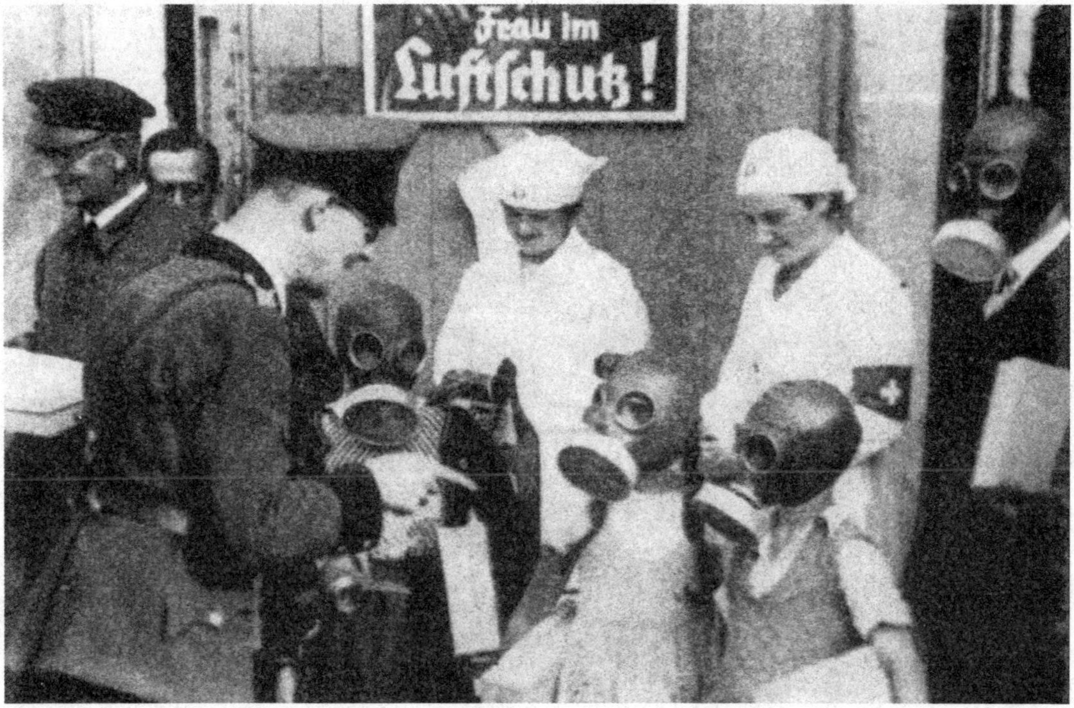

↑图为防空部队人员（Luftschutz）分发防毒面具，并向儿童示范穿戴方式。这张照片很可能是摄于1939年或1940年，因为毒气攻击的威胁在当时似乎即将成真。这样的情形也发生在英国，不过最后双方都没有使用化学武器。对一般德国平民来说，高爆弹和燃烧弹才是更严重的威胁。

够伴随轰炸机深入德国境内，并接受德国空军的空对空战斗挑战。刚开始时，他们得借由加挂可抛弃式油箱以增加燃料携带量的方式来改善现有战斗机的航程，例如共和飞机制造公司（Republic）的P-47雷霆式（Thunderbolt）战斗机，但在1943年秋季，美军引入了北美公司（North American）的P-51“野马”式（Mustang）战斗机。

全能的“野马”

这架引人注目的飞机是由“野马”的机身配上劳斯莱斯（Rolls Royce）的发动机，不只具备了可护航轰炸机前往柏林甚至是更远处的航程，而且被证明超越了它的对手Bf 109与Fw 190。在美军的护航战斗机出现前，德国空军致力于提高其单发战斗机的攻击火力，以便能够更轻易地摧毁美军的轰炸机，然而这意味着要增加额外的重量，使得德军飞行员在与美军战斗机缠斗时处于不利的地位。对于此一问题的一种解决方案便是将战斗机分为“重型”和“轻型”两个战斗机群。

重型战斗机群配置了安装大口径机关炮的Bf 109与Fw 190以攻击轰炸机，而轻型战斗机群则只配置了轻武装的Bf 109战斗机以应付护航的战斗机，但当美

→福克-沃尔夫Fw190A-4/R6联队驱逐机（Pulk-Zerstörer）的翼下装有两具Wfr.Gr.21对空迫击炮，其是被设计用来攻击美军的日间轰炸机，以抛物线射出的迫击炮弹将会打散轰炸机的“箱形”编队。

军的战斗机实力强大到能够突破轻型战斗机群的拦截并对重型战斗机群造成大灾难时，问题就出现了。

1944年4月，德国空军获得了短暂的喘息机会，因为盟军轰炸机降低对德国本土的攻击强度，集中全力攻击更多的战术目标，以直接支援迫在眉睫的D日（D-Day）登陆，然而无疑地，整个局势已经逆转了。

对德国空军来说，他们的

↓图为1943年，一架梅塞施密特Bf 109F战斗机做好准备，稍后将起飞拦截美军日间轰炸机。飞行员已经坐在驾驶舱中，等待紧急升空的命令，而其他飞行员可能还没准备好，因此状态较为轻松。

←图为一架原本隶属于第1夜间战斗机联队的亨克尔He 219 V1“猫头鹰”式（Uhu）夜间战斗机，于战后在英国公开展示，这架飞机装备了一具FuG 212列支敦士登拦截雷达。

↓图为一架原本隶属于第4夜间战斗机联队的梅塞施密特Bf110G-4，拍摄于战后英国皇家空军的范堡罗(Farnborough)基地内。该机装备一具FuG218尼普顿(Neptun)雷达，从这张照片里可以看见其天线。

结局非常悲惨。知名战斗机王牌飞行员、现任战斗机总监（Inspekteur der Jagdflieger）阿道夫·加兰德（Adolf Galland）将军报告：“在1944年1月至4月间，我军日间战斗机部队折损了超过1000名飞行员，他们当中包括最佳的中队、大队及联队指挥官。”由于盟军的空军部队至少在日间享有制空权，德国空军的兵力过度延伸，加兰德得出合

↓图为1943年在柏林，一名德国空军士官正在进行未爆弹处理。英国皇家空军对德国首都的空袭时常会留下未爆弹，因此需要清除，这是一件费时且费力的工作。图中的官兵正在处理的看起来是一枚小尺寸炸弹。

乎情理的结论：“我军崩溃的日子已经近在眼前了。”当苏军持续向西方进击，而英美联军正准备进行期待已久的入侵西欧行动时，这个日子即将来临。

失血过多的部队

尽管不可思议的勇气和临机应变使得德国空军领导了一场战争中成效最高（虽然相当短命）的防空战，但其已经达到了能力

的极限。一旦他们再也无法掌控德国的领空，敌人就可以自由地集中大量资源摧毁重点工业和补给线，而这些工业中自然包括生产战斗机的工厂。另一个问题是，唯一有能力回避美军护航战斗机的梅塞施密特Me 262却因为应希特勒的明确要求而以战斗轰炸机的形式生产，此举使得这款绝佳的喷射战斗机的生产作业延宕了至为关键的几个月。从现在开始，戈林的官兵将会为了生存而不是获胜，面对拥有无限资源的敌人奋战不懈，这和闪击战那段令人陶醉的胜利日子可说是无法相提并论。

↑ 图为德国空军机械士正在维修后方的梅塞施密特Bf 109F战斗机的戴姆-奔驰DB 601E-1十二汽缸液冷式倒V引擎。如果德国空军想要维持在德国上空的作战效能，定期保养是不可或缺的工作。

第九章
红色暴风雨

在1944—1945年，德国空军在东线上仍维持庞大兵力，但苏军发动了一系列大规模攻势，在地面及空中粉碎德军。

↑图为1944年，飞在东线战场上空的苏军伊留申 Il–2 3M对地攻击机。这款飞机专以为地面部队提供密接支援的目的建造，其引擎和驾驶舱特别经过装甲强化。

←←图为1944年，一名服役于空军野战师的少尉抬头观看飞向苏军战线的容克Ju 87斯图卡机群。他很可能正与飞行员保持无线电联系。

到了1944年1月，德国空军的前线战力仅有5500余架作战飞机，当中大约有1700架飞机部署在东线。就这些飞机而言，这不是不合理的数字，因为与前一年相比，统计数字有所增加，但在这样的表面下却隐藏了许多弱点。由于早在1941年时做出的决策，飞机生产倾向于集中生产能制造经过实战验证的机种，且很少随着时间的过去进行提升或改良，并忽略了全力发展的新构想。有些新机型愈来愈容易获得，不只是期待已久的He 177和容克Ju 188，不过它们从未有足够的数量，以至于无法对战斗能力构成可观影响。实战部队仍依赖着老当益壮的机种，比如Bf 109和Ju 88，而Fw 190已经过证明是一款可适应

↑图为1943年至1944年冬季，一架哥特式Go 242A攻击与运输滑翔机正在拖带下起飞，抛下机身下方的轮架可以使飞机重量更轻，并改善空气动力。

↑图为1944年至1945年冬，一架容克Ju 52在东线的机场上准备起飞，伸进左引擎舱的管子负责送进热空气，使飞机引擎保持温暖。

↑图为一架梅塞施密特Me 231A-1重型运输滑翔机正由一对连在一起并拥有第5具发动机的亨克尔He 111H-6轰炸机拖带起飞。此款非传统组合的飞机被称为“亨克尔双胞胎”（Heinkel-Zwilling），于1943年年初首度被用于运送补给物资给被包围在斯大林格勒的第6军团。

↑一张不常见的“亨克尔双胞胎”照片，清楚地显示出其引擎布置方式和长达35米的巨大翼展。两组亨克尔He 111H-6的机身由新设计的中段机翼连接起来，强化后以安装第5具发动机。这款飞机被官方正式命名为He 111Z，由左侧驾驶舱中的飞行员驾驶。

→图为德国空军的轰炸机组员在登机前一起调整手表时间，右边3名组员穿的正是配发给轰炸机、运输机和飞艇机组员的救生背心，但左边那位穿的款式却是发给战斗机飞行员的。

↓图为地勤人员拿开套在驾驶舱和引擎上的油布，准备让这架容克Ju 52进行当天的工作。由机轮整流罩上涂装的线条可以看得出来，这是一架民用的客机，很可能属于汉莎航空公司所有。

←图为1944年，一架梅塞施密特Me 323D-1“巨人”式6引擎运输机的机首舱门已经打开，等待进行卸货工作。这架飞机有能力载运重达18180千克的补给，但在空中飞行时却非常容易受到伤害。

战况、在某些时候也相当可怕的战斗机，但在了解到Bf 110甚至是Ju 87尽管很明显已经极为老旧，但德军仍对它们进行改良并部署的时候，也许就可以察觉到德国空军面对的问题本质。

飞机工业的致命缺陷

但那些问题可说是根深蒂固。一方面到了1944年年初盟军的空袭已经开始发挥作用，打击到飞机工业的关键环节，包括发动机制造厂和燃料供应系统；另一方面所有的盟国现在都生产了性能更优异的飞机，使得德国空军必须奋力迎头赶上。在东线，苏军不只是部署了特别生产的对地攻击机，比如伊留申Il-2和佩特雅柯夫（Petlyakov）Pe-2，也十分顺利地发展并投入下一代快速拦截战斗机，例如拉瓦奇金（Lavochkin）La-7和雅克列夫（Yakovlev）Yak-3，这两款飞机的整体性能都比Bf 109与Fw 190的最新改良型更优秀。此外，到了1944年年初，苏联空军的数量超出德国空军已经接近至6倍，因此有余裕在需要的时候于任何地点、任何时间取得空中优势。虽然1700架作战飞机在

↑图为1943年，3架Bf110C战斗机拖带1架体积庞大的梅塞施密特Me213A-1滑翔机。此种组合被称为“三机拖弋”（Troika-Schlepp），但效果不是那么好，主要原因出在拖带机间的协调问题上。到了1943年，Bf 110战斗机就被五引擎的亨克尔He 111Z取代。

理论上看来算是相当不错的数字，但德国空军必须掩护长达将近3200千米的战线，所以这样做根本就没有持续成功的希望。

这样的状况在1943年年底的战役中就已经很明显了，当时攻击主要集中在南方，因为苏军总是要确保获得制空权，至少是要在局部的基础上如此。苏军独特的战斗哲学浮现，有一部分的基础是源自于1941年至1943年间学到的经验，另一部分是来自两次世界大战之间时首度提出的“纵深作战”理论，其最注重的是伪装欺敌技术（maskirovka），也就是蓄意的欺敌行动，目的是借由愚弄敌军，使对方相信攻击即将在别处发生以提高奇袭的效果，而在这过程当中空军也通过集结在一个地方然后攻击其他地方的方式来扮演其角色，这样的方式只有在拥有大量可用飞机的状况下才能进行。一旦奇袭成功，具备压倒性优势的机械化部队就会在集结的空军军力支援下杀出几条前进的道路，观察敌军的部署，以“飞行炮兵”的姿态炸出前方的通道，切断敌军的补给线与交通线，如果有必要的话还可以通过空运补给地面单位。整体的目标是不断推进深入敌军后方，干扰其进行反击的能力并动摇其战斗

←图为1944年在东线，一架容克Ju 88C被迫改为运货机使用。炸弹看起来重达1000磅，而后面的则是装在条板箱内准备进行空投的物资。

←图为在1944年至1945年时相当不寻常的景象：一队容克Ju 88准备出击。对苏军的拦截战斗机来说，这样的一群飞机看起来相当诱人。

↑到了1944年，德国工程师正在试验高空轰炸机，以规避盟军的空防。如图，这架容克Ju 88S装有BMW 801G-2一氧化二氮注入液引擎，试验的结果相当成功。

意志。如果可以沿着大部分战线同时做到这些的话，德军兵力将被迫延伸并遭削弱。

苏军部队的水准在1944年初已经达到可以这样做的程度，他们在北至列宁格勒、南至克里米亚的区域接连发动攻势。由于德国空军沿着整条东线只有不到350架可用的战斗机，所以对于抵挡如此压力可说是无能为力，特别是他们任何集中资源在某一地段的企图都因为苏军在其他地方展开攻击而破灭。虽然德国空军在某些时候还是获得了局部成功，例如1月中旬时他们设法空投了超过2032吨的补给物资至被包围在切尔卡瑟口袋（Cherkassy）内的部队，而在两个月之后一次类似的作战使得第1装甲军团可以在敌军包围下存活，但付出的代价相当高昂，仅在1944年的前5个月里就损失了超过650架运输机，而此时这类飞机的生产优先顺位已经排在战斗机与轰炸机之后。德国空军的力量正一步步地受到腐蚀，特别是技巧熟练的飞行员与空勤组员。

轻率的方案

希特勒和戈林于1943年11月突然做出一个决定，就是对苏联的工业进行战略轰炸，但此举无助于大局。戈林随后的指示可说是再清楚不过："我打算统一大部分部署在东线的重轰炸机单位……（赋予）对苏联军火工业进行空中攻击的任务，目的在于摧毁苏军的物质资源……在它们被投入到前线使用之前。”然而这样的任务对既没有训练也没有装备的德国空军来说，显然令他们感到痛心。

8个轰炸机大队（约有250架飞机，大部分是He 111）从前线上被抽调出来，并针对打击主要分布在高尔基（Gorky）周边的工厂进行准备工作。然而等到这支部队于1944年3月底做好准备的时候，苏军的挺进已迫使轰炸机基地向西迁移，距离远到He 111实际上的航程不足以飞抵它们的目标。由于远程的He 177和Ju 188从未拥有足够的数量，因此德国空军什么也不能做，无法实现戈林的愿望。轰炸机部队随即发现来自饱受重压的地面部队对他们提出的支援要求有优先权，特别是因为这整个试验在时间上与各战斗机（和战斗轰炸机）部队被抽调去保卫德国本土一致，这整件事唯一的“成果”就是有大约4个月的时间没有轰炸机可以用来强化东线的防御。

重建动摇的空军

对德军来说幸运的是，东线的局势在1944年4月时稍微稳定了下来，因为苏军正在准备下一系列的攻势。戈林抓住这个机会重建空军，并同时得利于英美空袭行动因西线盟军转移空中支援目标至计划中对“欧洲堡垒”（Fortress Europe）的两栖突击而平息。成果令人印象非常深刻：到了6月1日，东线上的3个航空军团总共配置了将近2000架作战飞机，当中主要是对地攻击机和轰炸机，其重点在南边的第

↓这架博隆&沃斯Bv141战术侦察和陆军协调机是德国空军在战争中更不常见的设计之一。这款飞机由一具引擎驱动，从未进入实战部队服役。

↑图为一架容克Ju 87在第聂伯河上空向右方斜飞，其炸弹挂架是空的，暗示着这是一趟成功的出击。但其还能够横行天空的时间已经所剩无几了；一旦苏军攫取制空权，斯图卡的命运就注定了。

4航空军团，共计有850架飞机掩护通往至关重要的罗马尼亚油田的交通线，因为德军预期苏军下一波突击的主力将会指向该地，不过由第6航空军团防守的中央地段也没有被忽略，其共有超过770架飞机可以使用。真正的弱点在北方，当地的第1航空军团只有不到400架飞机，当中一架轰炸机也没有，对地攻击机也只有70架，数量不足以遏制苏军。然而考虑到最近在所有战区中的损失，这是一个相当大的成功。

但这样并不够。基于很好的理由，苏军将1944年的战役时期冠上“十年胜利”（Year of Ten Victories）的称号，显示出他们已经变得多么有灵活性、活动范围是多么宽广。因此，当预期中的苏军攻势于1944年6月初展开时，他们并没有立即在南边进攻，反而是由在极北对芬兰的攻击揭开序幕，在那里德国空军防御实力是最弱的。德军和芬军的空中作战能力完全无法抵挡苏军的数量优势，这迫使德国空军从第6航空军团派军增援。但这恰恰是苏军希望的，因为他们将在6月23日于东线中段展开主要攻势，也就是“巴格拉基昂行动”（Operation Bagration），并于本次作战中集结超过6000架飞机。当中央集团军为了自身的生死存亡而奋战不懈时，希特勒批准从其他战区抽出飞机，从防卫德国本土的空军部队中抽出40架战斗机，从意大利抽出85架，西欧的第3航空军团提供40架，但此举只是杯水车薪而已。在不到3个星期的时间内，苏军就在德军的防线上打出一个缺口，使得他们到7月底时就已推进了超过800千米，直抵东普鲁士的边界。中央集团军可说是被完全歼灭了，德国空军损失将近400架飞机。

然而梦魇并未结束，因为预期已久的苏军南方突击行动于8月20日展开，这个时候大部分德军都臆测这块区域十分安全。第4航空军团在那个时候已经因为派出援军至北方而减少至不到200架作战飞机，此外，罗马尼亚的突然崩溃又在同一时间发生，苏军的挺进因此变得相对容易。到了8月31日，罗马尼亚的大部分领土都被占领。9月中旬，保加利亚已经换边站队，向德国宣战，苏军部队也已经进入南斯拉夫北部和匈牙利东部。德国空军各部队仍不断出击，但他们发现不但愈来愈难保证现有基地的安全，而且还要对抗具压倒性的苏军空中实力。当1944年快要结束时，东线上德国空军的残部被迫退缩回德国本土，加入正和西方盟军苦斗的同僚，这是一项毫无希望的任务。

战败、撤退和毁灭

当苏军集结兵马为下一波攻势作准备时，这样的喘息时间却没有太长。即使真的时间比较久，德国空军也正迅速面临再也无法恢复元气的局面。在1944年间，德国空军在所有的战区共计损失了超过1.3万架飞机，而飞机生产作业正遭受敌军轰炸的无情打击，到12月时降至仅超过3000架而已。此外当苏军从东边推进时，他们占领了德国空军为避免西方盟军攻击而于当地建立的各训练基地，这些基地迁移回

↓图为1944年，和德军站在同一边的罗马尼亚部队观看几架容克Ju 87斯图卡在对附近的苏军阵地进行俯冲攻击后调头离开战场的景象。部队已经挖好工事，显然已经预料到会有地面突击，而斯图卡机群给了他们喘息的时间。

↑图为1944年2月，一架苏军伊留申Il-2对地攻击机的机组人员一边快步通过寒冷的机场，一边讨论战术和最近的作战经验。

德国境内后，不但导致令人绝望的拥挤，而且也扰乱了阵亡空勤人员的递补。最后，当燃料设施沦为所向披靡的美军轰炸机的目标时，燃料短缺导致德国空军无法进行空中作战，降低了前线地面单位获得空中支援的水准。

苏军的下一波攻击于1945年1月12日发动，不论是范围还是影响都十分惊人。苏军的伪装欺敌技术使德军地面部队指挥官误以为苏军攻势的主力将指向华沙周边地区，但实际上却是在遥远的南边，他们大举从维斯杜拉（Vistula）河西岸位于桑多梅日（Sandomierz）和马格内斯采夫（Magneszew）的桥头堡突破。面对战线中央的第6航空军团拥有超过1000架的可用飞机，还享有可利用德国境内水泥跑道起飞作战的优势，苏军一如往常，集结具备压倒性数量优势的飞机，用以支援进行突破的地段。到了1月19日，苏军部队已突入德国东部边境，而到了1月底便已进抵奥得（Oder）河，离柏林不到80千米，并在河的西岸建立桥头堡，他们从那里可以对德国首都发动突击。德军连忙从所有战区勉强凑集出额外的飞机，并匆促地投入战场，试图遏制如洪流般的红军；尽管德军总共集结了将近800架飞机，但机组人员大多没什么实战经验，苏军因此可以横行无阻。虽然苏军于2月终止攻击，但他们一共前进了将近

800千米，并使补给线延伸到极限，目标已经近在咫尺。

结果，当苏军持续沿着东线不断进击时，只遭遇到来自战败且严重动摇的德国空军的微弱抵抗。例如在南方，第4航空军团企图以500余架飞机的兵力防御亚得里亚海（Adriatic Sea）至喀尔巴阡山（Carpathian Mountains）之间的区域，但当希特勒下令发动反攻，以解救在布达佩斯（Budapest）被包围的德军卫戍部队时，大部分飞机都被浪费了。苏军以迅雷不及掩耳的速度予以反应，到了3月底便把德军逐出匈牙利，并于4月13日攻克维也纳（Vienna），第4航空军团到了这时早已被消灭。苏军在战线中央的类似攻击行动以柏林为目标，于4月下旬展开。尽管他们在地面上遭遇苦战——等到5月初攻克德国首都的时候，苏军已蒙受超过10万人伤亡，但德国空军实际上并没有对战局造成任何冲击，他们已经一无所有了。

东线作战回顾

在此回顾一下，便知德国空军在东线的失败并不难解释。从1941年6月巴巴罗萨行动展开时起，希特勒便已期待他的空军做太多的事，需要以不足的资源防守整个正面。德国空军是为了进行短暂但高强度的作战而规划并接受训练，他们尽管在1941年时

↓图为1944年，挂载45-36-N低空投放鱼雷的苏军伊留申Il-4轰炸机正在展翅飞向目标。其最快速度可达每小时416千米，航程可达3776千米，是一款性能良好的飞机。

→图为1944年，苏军伊留申Il-2 3M对地攻击机正在搜索德军装甲纵队。这些飞机以“死亡之环”的战术作战，当中的每一架飞机都要轮流攻击，直到弹药耗尽为止，因此敌军部队理所当然地十分畏惧Il-2。

获得杰出的成就，但一旦东线上的战争进入第二年，他们就得在优先顺位和工业程序方面进行彻底转型，将空军部队转变为一支足以应付长期冲突的武装力量。面对随着时间过去而不断茁壮成长的苏联空军，数量上的消长随即变得对德国空军不利，而当德军必须努力提高现有机型的生产数量以维系生存、但此一努力却徒劳无功的时候，苏军的技术却稳步改善，这只能让状况逐步恶化。在这样的情形下，德国空军根本不可能保有空中优势，因此地面部队便因失去保护伞而显得脆弱，容易被

→图为德军在东线战败付出的代价：1944年，一座被毁灭的苏联村落前阵亡士兵的坟墓。

←图为1944年，一架在翼下装有两门37毫米口径Flak18机炮的容克Ju 87G-1，于疏散期间停放在一座德军的机场上。这门机炮被设计用来作为反坦克武器，却使得速度已经很慢的飞机的机动性变得更差。

击败。

但苏军并不是唯一的威胁。当德军在东线为了生存而奋战时，西方盟军运用其空中力量不只更加削弱了德国空军，而且还毁灭了其基础设施。石油工业和飞机制造厂都在盟军庞大轰炸机队的目标清单上。西线的结局就跟东线的一样具有决定性，也令人痛苦难忘。

←照片中的德军装甲部队官兵在东线上越过开阔地形时，挥手确认一架容克Ju 87斯图卡已经抵达。尽管斯图卡已经十分老旧，但还是被部署在前线，直到战争结束。

↑图为斯图卡进行了一次出色的反坦克攻击之后，苏军的一辆T–34/85坦克在机炮的火力下变成一堆残骸，不过苏军能够轻易地消化这类损失，其坦克制造厂到了1944年时正在全力运转。

↑照片中间是汉斯–乌尔里希·鲁得尔（Hans–Urlich Rudel），他是第二次世界大战期间获颁最高荣誉的斯图卡飞行员。图中的他佩戴骑士十字勋章加金橡叶和钻石徽饰，是此勋章唯一的获奖人。他幸运地存活到战后，曾驾机出击超过2000架次。

←图为赫尔曼·格拉夫上校（左起第二人）在东线上与第52战斗机联队的飞行员同僚合影。格拉夫是德国空军第一位累计击落202架敌机的战斗机飞行员，当中有200架是苏军飞机。

←图为1945年年初在东线上，一架第1对地攻击机联队的福克-沃尔夫Fw190A-4/U3。Fw190在挂上炸弹后，摇身一变成为一款优良的对地攻击机。

←照片中间是德国陆军元帅马克西米利安·冯·魏克斯男爵（Maximilian, Baron von Weichs），他刚结束一趟私人侦察任务，从背景中的费瑟勒Fi 156“鹳”式轻型机下来，这很可能是1943年时他在东线担任B集团军司令的时候。到了此时，Fi 156已经是一款脆弱的飞机。

第十章

西线大屠杀

德国空军饱受压力，甚至还要在意大利与西北欧上空与盟军空中武力一较高下，然而它微弱的力量却在西线上的最后一搏，也就是阿登攻势中牺牲殆尽。

早在1943年9月，德军对在超过一条战线上进行地面作战的恐惧业已成真，当时英美联军入侵意大利，从西西里出发越过墨西拿海峡（Strait of Messina），对那不勒斯（Naples）以南的萨莱诺（Salerno）发动两栖攻击并登陆。希特勒为控制意大利半岛而战的决定已经不可避免——如果他就这么让盟军占领意大利的话，整个南侧翼就会洞开，十分危险——但情况立即变得十分明显，因为他没有进行这项军事活动所需的资源。虽然德军的地面作战于1943

↑图为1944年8月时在法国，英国皇家空军的军械士们正为第609中队的一架霍克台风式1b攻击机装填空对地火箭。

←←图为在“大学行动”（Operation Varsity）——渡过莱茵河中，当庞大的机动载运伞兵部队从空中飞过时，农民们纷纷抬起头来观看。

↑ 图为1943年7月，第26驱逐机联队的梅塞施密特Bf 110C战斗机正停放在西西里岛的一座前进机场上。到了战争的此一阶段，德国空军正奋战不懈以维持制空权，不过在这张照片中看不出来有敌军空中攻击的问题。

年年底及1944年年初拖累了盟军的挺进，他们在通往卡西诺（Cassino）和罗马的山路间陷入激战而动弹不得，但德国空军并未强大到足以造成任何决定性影响。1944年年初时，负责意大利战区的第2航空军团只有不到370架飞机可用，其中只有不到100架是轰炸机或对地攻击机。

在意大利的糟糕表现

在盟军尝试借由在更北边的安齐奥（Anzio）登陆（1944年1月22日），以打开卡西诺周围的僵局之后，德国空军增派了援军，但数量依然不足。到了1月底时，已有140架轰炸机从希腊、法国和德国调派过来，当中包括Do 217与He 177，装备了Hs 293和弗利茨X（Fritz X）无线电制导炸弹，他们的新奇装备确实带来了暂时性影响，击沉了数艘盟军军舰和商船。然而战斗机数量的严重短缺代表着德国空军并未握有制空权，而盟军飞机能够在许多轰炸机找到合适目标之前便将其摧毁。同样地，德国空军于3月初从西欧调度50架战斗机，也不足以使地面部队针对新滩头堡或卡西诺地区进行成功的反攻。到了1944年3月底，空军战力很明显地被浪费了，而一些中队便重新调整部署。德国空军此后在意大利战役中只扮演了无足轻重的角色，任凭地面部队运用其聪明才智和地形优势以谋求生存，德国国防军（Wehrmacht）当初的训练可不是如此期待的。

到了此时，盟军在被占领的欧洲北部海岸登陆一事显然不会再往后推迟了。4月1日，大批英美联军的轰炸机队暂停战略轰炸的任务，转而进行支援两栖登陆的攻击行动。虽然德军各指挥官没人可以确定登陆会在何地或何时进行，但是盟军的准备工作逐渐损耗了德军在整个战区内的防御。盟军行动成功的其中一个先决条件就是制空权，以保护入侵舰队和成功登陆之后的部队。第3航空军团的责任区涵盖法国和低地国，实力已被强化，其中一部分是以牺牲意大利战区为代价，还有部分是因为一些原本保护德国本土的实战部队由于盟军轰炸机转为他用而可以跟着转移过来，但就像在意大利和东线一样，从来就没有数量充足的飞机可供分

↓图为1943年7月26日，盟军对西西里岛上特拉帕尼（Trapani）附近一处德国空军基地进行空袭过后的景象。

↑图为1943年9月，一架福克-沃尔夫Fw 190A被丢弃在那不勒斯附近的机场，完整无缺地落入盟军手中，注意机身下的炸弹和翼下的空挂架。若是可以回避敌军空防，Fw 190A会是一款有效的战斗轰炸机。

配。因此，虽然在对地密接支援方面身经百战的第2航空军于1944年2月从意大利北部转归第3航空军团辖下，一个月之后反舰作战经验丰富的第10航空军也加入他们的行列，但英美联军的空中优势已强大到使他们只能采取守势，以迎接不可避免的攻击。

对英国新一轮攻击

但不论是希特勒还是戈林都不打算这样做。就好像在东线一样，他们坚持进行空中攻势，企图干扰敌军的准备作业。早在1943年12月3日，戈林就下达了一道训令，要求恢复轰炸英国的行动。德国空军总计勉强调来了525架轰炸机，但这些被英国公众称为“小闪电”的空袭行动对其而言却是一场灾难。在1944年1月21日至5月底之间，德国空军总计进行了29次空袭，当中一共投掷了3048吨的炸弹，但代价却是损失了329架宝贵的飞机。有些攻击是以英国南部的港口为目标，希望扰乱入侵部队的集结作业，但面对盟军协调的空防无法造成多少影响，实际上还妨碍了侦察。到了6月初时，第3航空军团只有800余架飞机可用，并且对盟军会在何处登陆完全不清楚；那时盟军已集结了超过7000架飞机，足可对敌军占据的整条海岸地带上的任何位置进行攻击，以混淆在诺曼底登陆的真实意图，并确保盟军的整体空中优势。

最后的结局不可避免地到来了。1944年6月6日，英美联军运用空中优势，将伞兵空投在突击地区的侧翼上，并观测敌军在海岸线上的阵地，还对正在上岸的部队进行密接支援，最重要的则是切断了德军的补给线和交通线。总计盟军仅是在D日就飞行了超过1.4万架次，相比之下第3航空军团只出动了319架次。大部分的进攻部队在入侵当天甚至是接下来的几周内都没有看到德国空军活动的迹象。这是盟军空中力量的全面出击，戈林根本无法望其项背。

但若就这样认为德国空军什么事也没做，那就大错特错了。当盟军开始登陆的时候，德国空军就派出了援军——到6月中旬为止共有300架战斗机和120架轰炸机，并试图进行攻击，特别是针对盟军集结在海岸边的海军舰队与运输船队。德国空军飞机通常在夜间投放水雷，也进行高空轰炸行动，但影响十分有限。到了8月，当盟军终于突破诺曼底卡昂（Caen）附近封闭的乡间地带时，就再也没有任何办法阻止他们立即推进以解放巴黎，并迅速横扫比利时，直指德国边界。在这个过程当中，德军部队终于体会到持续受到空中攻击是什么样子：那些在8月底被包围在法莱兹（Falaise）口袋的部队不断遭受台风式（Typhoon）和雷霆式战斗轰炸机发射的火箭攻击，丧失了大量装备以及团结一致战斗的能

↓图为1943年的一架亨克尔He 177A-5/R2 6人座重轰炸机/侦察机/反舰攻击机。这架特殊的飞机拥有翼下挂架，可携带无线电控制炸弹，像是弗利茨X或Hs 293。1944年年初，He 177在所谓的“小闪电”空袭行动中被用来轰炸英国。

↑图为一架都尼尔Do 217K-2夜间轰炸机，摄于1942年12月。此型Do 217与早期的机型不同，包括拥有经过重新设计的前段机身、镶至机鼻部分的座舱玻璃，另外还能够携带并发射无线电控制炸弹。该机在第100轰炸机联队服役。

↑图为盟军空中优势的效果：1945年4月，一辆德国火车头尽管已经漆上迷彩以避免引起注意，但还是徒劳无功，在明斯特的铁路调车场被炸毁。到了战争的此一阶段，盟军切断敌军补给线的行动大部分都获得成功，干扰了敌军部队的调动和补给。

力，也蒙受了惨重伤亡，而德国空军面对这一切完全无招架之力。

此外德国空军也无法防止盟军恢复进行战略轰炸。在盟军集结至D日期间，盟军轰炸机对德国关键城市的空袭从来没有完全停止，但等到部队安全上岸并成功从滩头堡突破后，轰炸机队又可以自由地将注意力全都放在轰炸德国本土的任务上，并日夜进行空袭。德军的空防就理论上而言依然强大，例如到了1944年10月1日，能用来对抗英国皇家空军重轰炸机的可用夜间战斗机数量增至830架，但德国空军在作战上实际面临的问题相当多。在白昼时间，美军护航战斗机——现在不但能够飞越德国全境，还有多余的燃料可进行空战——保护B-17和B-24轰炸机；在晚上，英军新发展出的干扰技术使得德军夜间战斗机的SN-2列支敦士登雷达无法运作，气馁的飞行员只得在夜空中四处搜索难以捉摸的目标。即使当德国空军设法取得技术上的优势时，例如部署喷射或火箭动力战斗机（参见第十一章），缺乏燃料和经验丰富的飞行员的状况也使得盟军相对安全。到最后，德国空军配置的高射炮对敌方空军部队造成的损害就跟战斗机造成的一样多。

↑图为1944年7月在诺曼底，盟军的空对地火箭正飞向目标。盟军打击德军公路和铁路交通的能力在8月的突击作战中发挥了关键作用。

对德国城市和工业的轰炸

盟军以两种方式反映出他们在德国上空取得制空权的成就，这两种方式都使纳粹政权毁灭的速度加快。美军总是偏好集中火力打击敌人战争机器的关键环节，而不是民间劳动力，因此会搜索与石油、运输和航空工业有关的设施，这样的毁灭对德国空军来说无助于改善局面；相较之下，英国皇家空军派出愈来愈多的军力攻击城市和城市内的工业区，他们的行动于1945年2月13—14日引发争议的德勒斯登（Dresden）大轰炸中达到最高潮，在轰炸中形成的火风暴就像18个月之前毁灭汉堡的那样，导致至少5万名平民死亡。英国皇家空军轰炸机司令部投入796架兰开斯特（Lancaster）轰炸机和9架蚊式机（Mosquito）进行攻击，只被敌军击落6架。整个德国都毫无防备，没有一个也许可以用来保护自己的工具——一支有效的空军。

摧毁西线德国空军的不只是燃料短缺、飞行员缺乏经验和敌军的空中优势这类实际问题，希特勒做出的战略性决策也扮演了重要角色，白白浪费掉仍可加以运用的资产。他对英国进行“报复”攻击的计划因为盟军已经握有制空权而注定失败，也给德国空军的轰炸机部队造成无法挽回的损失，但真正的危害最终于1945年年初降临。当西方盟军于1944年秋季向德国推进时，希特勒察觉到盟军部署的潜在弱点，也就是当英加联军深入低地国时，他们和向德国边界挺进的美军先锋部队间的联系就愈来愈松散，在这中间的地区包

↓图为1944年7月，英军情报官员正在检视于诺曼底地区瑟勒河畔蒂利（Tilly-sur Seulles）附近被击落的一架梅塞施密特Bf 109G的残骸。德国空军在法国北部的活动因为燃料短缺和盟军压倒性的空中优势而减少。

↑当西北的战事逐渐告一段落时，德国空军的残部不是被消灭，就是被盟军部队俘虏。图中是汉诺威（Hanover）附近温斯托夫（Wunstorf）的一座机库。

↑一旦德国空军被赶出天空，轰炸机群就可以四处肆虐，横行无阻。这张美国陆军第8航空军B-17轰炸机的照片令人对盟军的空中武力拥有深刻印象。

→这是一张英国皇家空军侦察机于1944年10月初拍摄的照片，显示出这座位于埃森（Essen）的克虏伯（Krupp）兵工厂相较之下没有受到什么损害，盟军因此在10月23—24日的夜间派出1055架轰炸机对此一目标发动大规模空袭。

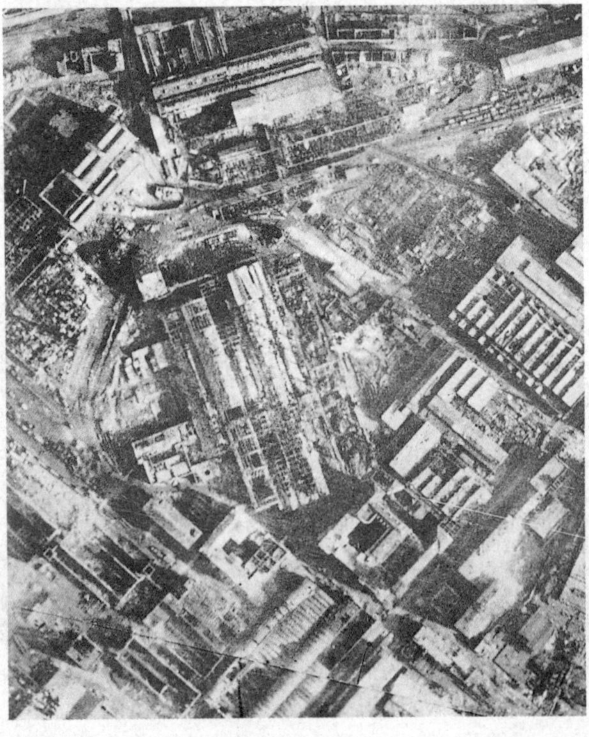

→这张空袭过后的侦察照片显示1944年10月23—24日的空袭对埃森的克虏伯兵工厂造成的损害，可以清楚看见厂房已经被炸毁，但轰炸机司令部随后又进行了两波空袭，以确保彻底终止工厂的生产作业。

→图为1945年，君特·巴尔（Günther Bahr）（中）和他的机组人员在他们的梅塞施密特Bf 110G夜间战斗机前合影留念。巴尔刚被告知获颁骑士十字勋章，但实际上他还没有收到。

→图为1945年1月28日，两名夜间战斗机飞行员庆祝获得骑士十字勋章。左边的是资深下士路德维希·贝罗夫（Ludwig Bellof），右边的是资深下士雷奥波德·哈克尔（Leopold Hackl），他们两人都隶属于第3夜间战斗机联队。

括森林密布的阿登，即1940年德军装甲部队突破的地点。希特勒深信尽管敌军的战力和实施攻击的时间都与当年不同，但还是可以复制这场成功。在最严格保密的状况下，他准备由装甲部队发动一波攻击，将会突进阿登地区，把英加联军和美军切断。就算西方盟军不会因而崩溃，德军也可获得充足的时间以集中资源对抗东方的苏军。

阿登攻势

就各方面而言，这都是一个野心过于庞大的计划。德军于此次攻势中在地面和空中投入最后的大规模预备队，意味着这将会是一场灾难性的失败，而不会剩下多少部队以防止战败发生。

→图为阿道夫·加兰德将军在纪念瓦尔特·奥梭上校的花圈缓缓放下时举手致敬。奥梭在1944年5月11日于德国埃菲尔（Eifel）地区上空和美军战斗机缠斗时阵亡。

尽管如此，德军还是秘密部署了将近30个师，当中有10个是装甲师，由数量多达2460架的飞机支援，当中大部分是战斗机，其任务是依照闪击战的传统摧毁盟军的空军基地。当装甲部队冲过缪斯河之后，按照计划英美联军的战术空军此时应已受到重创，因而无力介入，至少是在攻势初期的重点阶段。此次行动的代号为“地板”（Bodenplatte），于1944年12月16日一切就绪，接着揭开序幕的就是稍后被美国人称为“突出部之役”（Battle of Bulge）的战役，这是希特勒在西线的最后豪赌。

↑图为1944年年初的瓦尔特·奥梭上校，他是德国空军第三位达到击落100架飞机这个神奇数字的战斗机飞行员；在阵亡之前，他又击落了另外23架。

制空权因天气状况无效

地板行动并没有如计划般展开，主要是因为天气不佳，而选择这么晚的日期进行攻击的其中一个理由，就是盟军飞机会因为浓雾或大雪而无法升空作战，但如果敌军机场的状况是这样，依照逻辑推理同样的状况也会发生在德军身上。因此在突出部之役第一周的大部分时间内，双方都无法有效运用空中武力，跟盟军比起来，这对德军来说更是一大损失。虽然装甲部队已经相当深入阿登地区，当中有一部分已经推进到距离缪斯河不到16千米的地方，但美军却已经强大到足可以承受这一击，并投入看似毫无上限的援军以遏制（并压碎）这块“突出部”。此外，一旦天气放晴，盟军的空中优势就显而易见了，战斗轰炸机俯冲而下，打击急需燃料的坦克，而盟军也空投补给物资支撑在巴斯通（Bastogne）被围的美军伞兵，轰炸机也出动来切断前线德军部队和后方仅有的弱小支援部队的联系，而在战场上空现身的德国空军飞机也被防御的战斗机和防空部队迅速击落。

但希特勒依然深信全面性的空中攻击是可行的计划，因此在1945年1月1日上午9时，将近800架的Bf 109和Fw 190战斗轰炸机飞上天空，目标是消灭盟军在西北欧的空军部队。这是一

→图为1944年，第1驱逐机联队的梅塞施密特Bf 110D远程战斗机在东线战场上空飞行。注意先导机机鼻上精心绘制的胡蜂图案。第1驱逐机联队被称为胡蜂联队，而飞行员也乐于广为宣扬此一称号，不过到了1944年，此举很可能不是那么合适了。

个遥不可及的悲惨愿望，但通过奇袭还是取得了一些微不足道的成功，比如一波对位于埃因霍温（Eindhoven）的空军基地的突袭，就对两个加拿大军台风式机中队造成严重打击。不过德国空军的损失也相当骇人，到当天结束时，参与攻击的飞机当中约有200架被击落，德军因而丧失了许多宝贵的飞行员，这是他们难以承受之痛；相较之下，盟军只损失了144架飞机，当中有许多都是停放在地面上的空机，可以轻易地由库存机替补。

随着地板行动的失败，西线上的德国空军就再也不是一支有效的战斗部队了。因为燃料极度

→图为一架相当罕见的容克Ju 88G夜间战斗机，它装备了列支敦士登雷达，但其动力来源看起来应是由两具增压发动机驱动四叶螺旋桨。

←图为一架亨克尔He 219A“猫头鹰”式夜间战斗机，装备了SN-2列支敦士登雷达和C-1列支敦士登雷达天线。He 219是德军夜间战斗机中重量最大的，但其发展速度缓慢，且第一批飞机一直到1943年中期才进入实战部队服役，因此尽管击落了一定数量的轰炸机，但因为其本身数量太少而不具备任何作用。

短缺，所以德国空军的大批飞机都无法升空作战，而许多仍在生产当中的新机型（大部分都位于为躲避盟军轰炸而疏散在远离都市的工厂里）因为敌军攻击交通系统而无法分配给各单位；就算新飞机运抵前线，也没有什么机会可以让合适的机组人员操作，因为训练体系实际上已经瓦解了。在这样的状况下，就没有什么可以阻止盟军飞机在迅速倾颓的帝国上空四处横行。然而剩下来的却是各式各样的“新奇武器”，它们的故事可说是错过的机会和虚幻的希望，它们是在德国空军的短暂生涯中自始至终折磨其全身的许多问题的缩影，在做出任何最后的评价前，都需要把这些故事说出来。

←图为拥挤的亨克尔飞机制造厂内一景。到了1945年，德国如此的生产潜能大部分都被盟军轰炸摧毁了。

第十一章

太少又太迟

德国空军生产了一些应用先进技术的战斗机和轰炸机，它们能够让战争有一个不同的结果，但生产作业的延误和政治干预使得它们的效能大打折扣。

↑槲寄生（Mistel）1型是德国空军怪异的武器设计之一：基本上是利用容克Ju 88的机体结构，但用一组锥形中空装药炸弹取代其驾驶舱部分，然后由一架Bf 109F带往目标区投放。

←←图为1944年年底，当V1“飞行炸弹”来袭时，盟军集中防空火力应付，高射炮曳光弹的轨迹照亮了黑夜，在英国南部上空交织出这壮观的景象。

在1939年至1945年间，德国空军损失了超过10万架飞机，共有32万人阵亡与23万人重伤。到了1945年，不但所有战区的制空权都已丧失，而且当时前线各作战中队残存下来的飞机也比不上他们的盟军对手。由于没有能力保卫德国的领空，当盟军轰炸机四处肆虐造成大灾难时，德国空军飞行员只能在一旁束手无策；由于无法给饱受痛击的地面部队提供密接支援，这一群飞行员也对阻止敌军陆军从东、西两面进击无能为力，这种情况跟1939年至1941年的战役比起来可说是天差地别。

回顾这些年发生的事，德国空军战力如此急剧衰落的原因可说是相当明显。1939年的德

国空军无疑是躲藏在政治上虚张声势的表面下，不如它表面上看起来的那么有效率。1935年至1939年间的快速扩充又失去了平衡，在资金和发展方面缺乏深度，因此在波兰上空战斗的机型在整场战争中都一直待在前线部队，虽不断地进行改良，但一直没有被取代。如果德军想维持技术优势的话，在20世纪30年代末期承诺发展的新一代战斗机和轰炸机是不可或缺的，但它们的生产从未达到预期的数目，这反映出航空工业愈来愈难以应付冲突产生的需求。当损失逐

←君特·卢佐（Günther Lutzow）上校是骑士十字勋章加橡叶和佩剑徽饰得主，于1945年4月阵亡，击落战机108架。阿道夫·加兰德形容他为“德国空军的杰出领导人才”。

↓图为1945年年初，一队令人印象深刻的梅塞施密特Me 262A双喷射引擎单座战斗机排列在滑行道上，很可能隶属于诺沃特尼分队（Kommando Nowotny），这些飞机的主要任务是拦截并摧毁盟军轰炸机。它们揭开了新时代空中战斗的序幕。

步上升时，战争也从闪击战变成持久艰苦的总体战，新发展时常被取消或是推迟，以生产数量充足的现有机型来满足前线需求。

那些需求的本质也具备同样的重要性。战前的德国空军基本上是被规划用来支援陆军，主要是借由获得战场上空制空权，然后干扰敌军的反制手段。然而随着战争持续进行，这些任务就扩展到包括对敌方城市进行战略轰炸，当地面部队与敌军交战时提供密接支援，给被包围的部队运送补给以及防卫德国的

→华特·诺沃特尼（Walter Nowotny）上尉是德国空军的王牌飞行员，击落记录为258架，除了3架之外，其余都是在东线战场击落的。他在德国上空与美国陆军航空队P-51野马式战斗机缠斗时阵亡。

↓图中这架梅塞施密特Me 262喷射战斗机没有部队标志，因此很可能尚未分配给实战单位。从这张照片中可以清楚看到些微后掠的机翼和容纳两具容克Jumo 004B轴流涡轮喷射发动机的短舱。

↑图为1944年4月，一架阿拉度Ar 234闪电式喷射轰炸机A系列原型机正在起飞的一瞬间，底架台车才刚脱离机体。

↑图为一架阿拉度Ar 234B被废弃在一座德国机场上。固定式的底架台车在A系列上是一种改良，其动力来源是容克Jumo 004B风暴式（Orkan）轴流涡轮喷射发动机。

↑Ar 234在其短暂的服役生涯中曾是数次试验的对象。如图，这架Ar 234V13装有四具BMW 003A-1涡轮喷射发动机，每边机翼各装两具，以改善其推力和速度。

↑据了解，汉娜·赖奇（Hanna Reitsch）是战争期间唯一获颁铁十字勋章的女性平民，图中她正在解说滑翔的优点。1945年4月26日，赖奇驾驶飞机载着接替戈林的里特·冯·格莱姆（Ritter von Greim）将军飞进柏林。

领空。在所有情况下，现有的机型都不适合执行任务，当需要快速引入改良型时就对生产商造成更多压力。但即便如此还是有所限制，因为希特勒上台而在20世纪30年代迅速复苏的德国经济，在冲突旷日持久的压力下几乎喘不过气。德国飞机生产作业一直进行到战争结束，而且在1942年后担任军备部长的施佩尔（Albert Speer）领导下，生产水准的确屡见新高。但英美联军的轰炸干扰了将它们移交给前线各实战部队的手段，并摧毁了剩余的油料库存；同一时间，美军、苏军和英军也创造或扩大了战时经济以应付需要，生产了在技术和产量上都比大部分德军机种更优越的飞机。此外，盟国也供应受过训练的人员驾机参战，到1945年时德国空军已做不到这点了，其训练机队在作战中惨遭痛击。到最后，德国空军在战斗和生产两方面都被超越，面临着不论是希特勒还是戈林都没有正确认识到的威胁和现实。

致命的燕子

不过事实在于在某些方面，德国空军一直对技术优势有所期望，如果能够善加利用的话，也许可以产生相当大的不同。例如在1944年7月25日，一名英军飞行员报告在德国南部上空遭遇了一架不可思议的高速飞机，他看到的是一架梅塞施密特Me 262涡

↓这张罕见照片的主角是亨克尔He 178，它是世界上第一架完全靠涡轮喷射引擎动力飞行的飞机，于1939年8月27日进行首飞，比英制格洛斯特E.28/39早了20个月。当柏林航空博物馆于1943年遭到轰炸时，He 178的原型机也随之被炸毁。

↑图为一架亨克尔He 162单座喷射战斗机正在起飞。这架飞机于1945年5月被盟军虏获，接着就被运往美国进行飞行测试，这张照片就是在那时拍摄的。机首的标志显示该机隶属于第1战斗机联队。

↑图为1945年4月，亨克尔He 162因为缺乏燃料而无法起飞，飞行员们就在一旁交换意见。这张照片很可能是在雷克（Leck）拍摄的，也就是第1战斗机联队集中驻扎的地方。He 162未曾参与过实战。

↑图为都尼尔Do 335的V1原型机于1943年10月26日首飞，其官方名称为“箭式”，但随即因为古怪的造型而被取了个“食蚁兽”的外号。

轮喷射战斗机，被其机组人员称为“燕子”（Schwalbe），其在6096米时极速可达每小时864千米，初期爬升率达每秒1219米，作战半径超过480千米。它代表着航空科技的大跃进，完全超越绝大部分现有的活塞发动机飞机，速度比它们都要快。这架飞机的背景可追溯至1938年，不过原型机实际上一直要到1942年3月才开始飞行，当时德国对获得战争胜利依然信心满满，因此根本没有急迫性；另外喷射引擎发生了许多问题，飞机本身构造也太过精密，在那个阶段还不适合在前线执勤，但一些德国空军的指挥官，特别是阿道夫·加兰德（他曾飞过原型机）却相当赞赏其革命性的本质。1943年5月25日，加兰德强烈要求戈林集中资源生产Me 262，目标是到1944年时可以一个月生产1000架。如果德国可以实现这个目标的话，空战的走向可能会踏上一条完全不同的道路［不过要知道英国也在发展喷射引擎，第一款喷射战斗机是格洛斯特（Gloster）的流星式（Meteor），于1944年7月末进入实战部队服役］。

Me 262计划的延宕

德国的机会就这样溜走了。因为前线的需求，Bf 109和

Fw 190的生产拥有优先顺位，而且有更多的信心放在后者的活塞发动机接替者Ta 152身上，而不是新奇（却尚未经过验证）的喷射引擎。此外在1943年6月时，希特勒坚持Me 262必须以战斗轰炸机的形式生产，而不是传统的战斗机布局。虽然此一决定带来的冲击不应该被夸大——主要的问题是在生产而不是在部署上——被强制加上的一枚250千克炸弹降低了飞行速度，并破坏了这款飞机的空气动力品质。此外盟军空袭关键工厂，特别是那些与容克喷射引擎生产相关的工厂，这对于大局更是不利，结果就是在战争结束之前，服役的Me 262数量相对地减少。到了1945年4月，尽管希特勒又回心转意，改变稍早时的决定，但也只有大约200架喷射战斗机可投入战斗。他们主要是在日间攻击B-17轰炸机，而美军空勤人员也对此型战斗机印象深刻，但它们的可用率和出击水准一直都很低，降低了全面性影响。另外，不当的飞行员训练和无法集结大量 Me 262编队意味着还是有办法对抗喷射机，甚至是使用由经验丰富的飞行员驾驶配备活塞发动机的野马式战斗机就能有所斩获。到了战争结束时，据估计Me 262在战斗中摧毁了大约150架敌军飞机，但本身也蒙受了100架的损失，这项记录相当糟糕。

其他决定性的设计也有相似的命运，例如阿拉度（Arado）

↓图为另一张都尼尔Do335的V1原型机的照片，于1943年年底摄于上法芬霍芬（Oberpfaffenhofen）上空的测试飞行途中。尽管其设计非常古怪，但结果证明其是一架易于操作的飞机，加速性能和回转半径都超乎预期。Do335的燃油冷却器外部进气口之后被取消。

→图为当美军于1945年5月攻占都尼尔公司位于上法芬霍芬的厂房时，其内部人去楼空的景象。前方还未完工的飞机是Do 335的A-12纵列双座式双重操控装置教练机，此一型号只有两架已完成。

Ar 234闪电式（Blitz）轰炸机是世界上第一款投入实战的喷射轰炸机，在极速每小时736千米时作战半径超过560千米，载弹量达1500千克，但当它于1941年开始发展时，看起来根本没有理由需要加快生产作业流程；等到有需要的时候，却根本没有工厂可抽空生产，而其他方面的需求也有优先权，结果第一款量产型喷射轰炸机一直到1944年6月才引入服役。到了1945年4月，这款双喷射引擎轰炸机只有38架投入前线部队使用，大部分是用来侦察，因为它是德国空军唯一一种有能力穿透盟空军防且可全身而退的飞机。

由于推诿和延迟，德军第三种喷射战斗机，也就是亨克尔He 162蝾螈式（Salamander）在希特勒和戈林的个人坚持下，于1944年年底仓促投入生产。这款战机的非官方名称为“国民战斗机”（Volksjäger），它在史无前例的90天之内进行设计、飞行和测试，高层的命令是要求全力生产此型飞机，并由希特勒青年团的男性团员驾驶。由于把重点放在简化生产流程上（He 162是由轻合金和胶合板制造），这架飞机的潜力不容小觑：其极速可超过每小时996千米，并装备致命的20毫米机关炮，但这又是另一个太少又太迟的例子，到了战争结束时，只有50架He 162被分配给前线作战部队，当中没有一架参与战斗任务；如果有的话，那么他们的记录很可能会和太平洋战争中日军神风特攻队（Kamikaze）的相类似。

德国空军不只发展喷射机，在活塞发动机方面，都尼尔的Do 335 箭式（Pfeil）机也有别于传统飞机（它由两具螺旋桨推动，一具在机首，另一具在机尾），在1943年10月首度试飞时，其表现让人相当期待。它的飞行速度达每小时758千米，可武装一门30毫米口径机炮和两挺15毫米机枪，尽管其轮廓相当古怪，但会是一架有用的飞机，不过对德国空军来说不幸的是，生产该机的计划在1944年年底被取消。另外一种更先进的飞机是梅塞施密特Me 163彗星式（Komet），该机为火箭动力飞机，在战争年代是最快飞行速度的纪录保持者。它以一种极不稳定的混合推进剂作为燃料，结果证明这对其飞行员而言应当是某种死亡陷阱，他们不但要面对以将近每小时960千米速度飞行的可怕经历，还要在从飞机起飞抛弃机轮的那一刻起，到持续短短不到7分钟的出击结束后靠着小小滑橇降落的这段时间内保持警觉。Me 163曾进入战斗机中队服役，宣称击落9架敌军轰炸机，但达到此一战果的代价是本身损失14架飞机，因此很难对火箭战斗机的成本效益加以评断。另一款飞机，巴赫姆（Bachem）的BA 349毒蛇式（Natter）甚至更恐怖，它是以垂直的方式发射升空，在飞到敌军轰炸机的飞行高度后，飞行员就会发射空对空火箭，然后跳伞脱离，不过就各方面来说幸运的是，毒蛇式从未进入试飞阶段。

德国空军因为另一款“新奇

↓图为1945年，一架梅塞施密特Me 163B-1a的标准量产型。这是一款令人印象深刻的战机，但因为燃料不稳定、滞空时间短，进而严重限制其作战效能。

↑图为1943年，He 111在测试期间投放一枚Bv 143空射鱼雷。从Bv 143上垂下的悬臂是一具“感测器”，一旦鱼雷一路滑翔下降到离海面只有2米的高度时，悬臂接触到波浪就会启动火箭发动机。

武器”而获得更多成功，那就是费瑟勒的Fi 103，它是一款无人机，通常被称为“复仇武器1号”（Vergeltungswaffe 1）。它早在1942年12月就进行了首次试飞，并拥有多项优点：由于是无人机，因此可以节省宝贵的人力和训练时间，而其生产价格也相对便宜，并且是用冲压钢板而不是愈来愈稀少的铝所制造，可以指望其以对德国战争经济而言低廉的成本来进行量产。但其阿格斯（Argus）脉冲喷射引擎相当复杂，并且毛病百出，不过一旦问题解决了之后，这款“飞行炸弹”就拥有约240千米的有效射程，使得德军具备从法国北部的特制发射轨道发射V1轰炸英国的可能性。每一枚V1可携带重达850千克的弹头，并且据估算发射后能达到一定的精准度；当V1发射后，它的引擎可将其带至914米的作战高度，并以每小时640千米的速度推进30分钟左右，接着等到燃料耗尽后，炸弹就会落地并爆炸。

部署V1的责任落在德国空军的高射炮兵身上。德军于1943年年底成立了一个特别的第155(W)高射炮兵团（Flakregiment），并在同一时间于法国北部建设了96座混凝土发射台，意图于1943年12月展开对伦敦的攻击。但如此精巧详尽的准备工作不可能把盟军蒙在鼓里，盟军通过空中侦察照相和法国抵抗运动的成员得知此一情报。结果证明发射台很轻易地就可被发现，并且在一连串的攻击中大部分被摧毁。盟军稍早时也对位于波罗的海海岸上佩纳明德（Peenemunde）的研发设施发动了几波空袭，当中战果最佳的一次是在1943年8月17—18日夜晚进行的，V1的部署因而更往后延宕。德军一直要到1944年6月才累积到数量足够的飞行炸弹以进行持久作战，使用构造简单得多（还有迷彩伪装）的发射架发射。

V1 战役

V1突击于6月12—13日的夜间展开，就在盟军于诺曼底登陆的6天后，结果这场行动并不成功：德军并没有让所有发射架在同一时间发射以进行集中攻击，总共有10枚V1升空，但只有1枚成功飞抵伦敦，其他的都因为遭遇各式各样的机械问题而坠落，但这仅仅只是刚开始时的小问题而已。等到这场

↓图为1942年，一架亨克尔He 111轰炸机的机身下挂着一枚早期型的亨舍尔Hs 293无线电控制炸弹。这是Hs 293的缩短版，暗示着它是被用来进行滑翔飞行测试的。

→图为1945年，梅塞施密特Me 163B-1a彗星式火箭动力战斗机在一处德国机场上等待分配给实战部队。由于油布覆盖在机身上，因此看起来不太可能立刻投入作战行列。

战役于3天后真正展开时，经证明完全有可能在一天之内发射190枚。到了9月1日，当前进中的盟军部队开始横扫发射场时，德军以英国南部为目标已发射超过8600枚飞行炸弹。这场战役之后由经特别改装的He 111接手进行，每一架都可空射一枚V1。它们持续作战到1945年1月，到了那时射程较远的V1就可从荷兰境内的发射场发射。

V1战役总结

德军最后一次对英国发射V1是在1945年3月30日，到了此时，德军总共发射了约10500枚V1，大部分是从法国或荷兰境内的发射架发射。在这些V1当中，实际飞越英国海岸的共有7488枚，其中有2450枚落入预定目标区，而2419枚落在

→图为一架美军部队于1945年5月虏获的槲寄生2型近距离照片。上方的福克-沃尔夫Fw 190F-8是被设计用来在飞抵目标上空的时候投放装有高爆弹的Ju 88G-1的。

←图为地勤人员用台车推动一枚博隆&沃斯Bv 143火箭动力空射鱼雷，准备挂载到一架He 111上。Bv 143经过设计，可以在对传统鱼雷来说不可能投放的高度和距离下投放。

伦敦市辖区内，30枚落在南安普敦（Southampton）/朴次茅斯（Portsmouth），还有1枚落在曼彻斯特，剩下的不是因为在飞行途中遭遇机械故障而坠落，就是被盟军防御部队拦截并摧毁。盟军发现一旦V1从作战高度开始下降时，高射炮火可有效击落V1，而飞行速度较快的战斗机（包括流星式）也有能力将这些飞行炸弹击落，甚至在极端的状况下与飞行炸弹并排飞行，然后小心地把某一侧的机翼翼尖放到飞行炸弹的翼尖下，然后轻晃机翼将飞行炸弹掀翻。但尽管如此，到1945年3月为止，飞行炸弹炸死了大约6184名平民，另外造成17981人受伤。然而就像德国空军在1940年对英国进行的空中战役一样，V1并没有动摇人民的士气。

其他“复仇武器”，特别是由德国陆军操作的V2地对地

←这张戏剧性的照片摄于1944年6月15日，地点是伦敦皮卡迪利（Piccadilly）区的上空，显示出一枚费瑟勒Fi 103，即V1“飞行炸弹”正向地面俯冲而下。它的燃料已经耗尽，因此就像一块砖头那样落下，重达850千克的弹头将会因为受到冲击而爆炸。

←图为1945年5月，赫尔曼·戈林被盟军部队俘虏后拍摄的照片。他仍然佩戴着他的勋章，包括脖子上的功绩勋章，以及唯一一枚颁出的骑士大十字勋章（Grand Cross of the Knight's Cross）。

导弹，也在这场战役中登场。如果这些武器在战争稍早的时候就有足够数量，并与传统投掷炸弹的空袭行动协同作战，它们的冲击一定会更为显著。如同事实所表明的，它们的发展时间过晚，而且盟军在它们被用来进行攻击的时候早已握有制空权，可以轻易地打击它们和其发射场地。到了这个时候，德国空军就已经是一支战败之军了。

←←图为一枚A4地对地火箭，即众所周知的V2，于战后在伦敦公开展示，好让英国首都的市民了解，在1944年至1945年，到底是什么东西轰炸他们居住的城市。总计有1054枚V2落在英国领土上，全都是由德国陆军发射。

第十二章
鲁德尔与斯图卡

当第二次世界大战在1939年9月爆发时，容克斯的 Ju-87 斯图卡俯冲轰炸机已经是老旧机种，不过在1939—1942年间欧洲大陆的闪击战中，斯图卡却威震四方，将恐惧深植敌军士兵和平民百姓的心中。甚至到1943年后，对德国来说虽然战争的潮流开始转向，斯图卡依然翱翔天际，扮演反坦克的任务。最知名的斯图卡飞行员是鲁德尔，他成为德国空军史上最伟大的飞行员。

德军闪击战令人印象深刻难以磨灭的一幕，就是成群的俯冲轰炸机朝向不幸的盟军车队直扑而下。简称"斯图卡"的容克斯 Ju-87 俯冲轰炸机（Sturzkampfflugzeug）堪称是终极的俯冲轰炸机。"斯图卡"这个名字似乎有了自己的生命，一般大众都可以朗朗上口，这一点都不令人意外。

俯冲轰炸机是一种被特意建造的飞机，被设计用来以极高的精准度对战场第一线上的目标投掷炸弹。为了支援装甲部队的攻势，德国人发展出密接空中支援的高超专门技术，而斯图卡就是当中的关键核心。

德国人在这个领域成功的祕密，就是地面部队和空中部队紧密整合，斯图卡俯冲轰炸机和地面部队密切合作，因此他们可以在战场上的决定性时间点迅速介入。这些技巧高超的俯冲轰炸机机组员大量参与行动，博得令人印象深刻的名声。由于需要进出战场深处的心脏地带，这意味着斯图卡飞行员的伤亡率在德国空军之中可说是最高的，但他们也因此成为德军部队中受勋最多的人员。

在战争期间，汉斯·乌尔里希·鲁德尔（Hans-Ulrich Rudel）是最知名的斯图卡飞行员及机队指挥官，也是战争期间获得最高荣誉的德国军人，更是唯一一个骑士十字勋章加金橡叶加宝剑加钻石徽饰的得主。

斯图卡俯冲轰炸机

由于在第一次世界大战期间有过密接空中支援的经验，使得新成立的德国空军中许多军官，于20世纪30年代拟订了建造这种专用飞机的计划，以执行此关键

←←Ju-87 俯冲轰炸机依照原本的设计，只能配备三挺机枪，其中两翼各一挺，第三挺则装在驾驶舱后部；由于自卫火力配置不当，加上飞行速度慢，因此容易遭敌军战斗机击落。

性任务，结果就是容克斯 Ju–87 斯图卡的诞生，并于1935年首度试飞。虽然斯图卡不断地进行改良，但依然保留了在第二次世界大战初期名噪一时的独特逆海鸥翼轮廓。

单引擎的斯图卡装有一具特别的投弹瞄准器，飞机本身可以对准目标垂直俯冲，并能够在炸弹投下后自动打开减速板，使得飞机在离地面只有450米时可以安全地拉起机身。

由于具有这种装置，斯图卡投掷的炸弹可以落在预定目标的100米内，技术高超的飞行员更可以把这个误差缩小至10米。斯图卡的两翼装有两挺7.92毫米口径机枪，如此一来就可以在俯冲轰炸之后调头返回，以机枪扫射目标。

斯图卡一般的载弹量为在机身下掛载1000千克炸弹一枚，或是在机身下吊挂500千克炸弹1枚，机翼下再加挂4枚50千克炸弹。

为了充实威吓敌军的能力，斯图卡还安装了汽笛，也就是所谓的“杰利科号角”（Jericho Trumpet），可产生慑人的尖啸声，再加上如兀鹰一般的外形，使得遭受过斯图卡攻击的人都会留下难以忘怀的恐怖经验。

斯图卡最显而易见的弱点，就是航程太短，在一般的密接空中支援任务中只有448千米，同时其空战的能力也十分薄弱。一旦斯图卡面临敌军战斗机坚决的抵抗，它们就会屈居下风，只得依靠德国空军维持空优，以便自由地作战。

↑鲁德尔是斯图卡的王牌飞行员，也是德国空军荣获最高等级勋章的战斗飞行员。在作战中，他总是驾驶斯图卡出击，并且幸运存活到战后。

当第二次世界大战爆发时，斯图卡的生产数量只有330多架，不过之后斯图卡依然继续生产，直到1944年年底，总计生产了大约5000架，分成15个不同型号。

自1942年起，德军开始发觉时常要应付由数百辆 T–34 坦克编成的苏军坦克部队，而用传统的俯冲轰炸技术难以消灭这类部队，因此德军展开研发工作，以便让斯图卡能够拥有更精准的武器。

研发工作的成果就是 Ju–87G–1，它配有两门37毫米口径

←←Ju–87斯图卡俯冲轰炸机的首次任务是参与兀鹰兵团的作战；由3架飞机组成的小队于 1937 年 12 月抵达西班牙。

高出速机炮，装于翼下的荚舱里。这款机炮可以击穿任何苏军坦克的装甲，使斯图卡可以直接和红军的大批坦克部队交战，鲁德尔的名声就是靠着 Ju-87G-1 建立起来的。

此外德军也开发出早期的集束炸弹，以对抗苏军的大型坦克编队。这款500千克的 SD-4-H1 炸弹内含78枚中空装药的次弹械，可炸穿苏军坦克薄弱的车顶装甲——即使是最重型的坦克，包括装甲厚重的斯大林二型也不例外。

德军的密接空中支援战术在西班牙内战（Spanish Civil War，1936—1939年）期间首度派上用场，当时第一代的德国空军飞行员终于有机会可以体验现代化战斗方式。虽然斯图卡的极速只有每小时400千米，比起德国空军最新型第一线战斗机梅塞施密特 Bf 109 的每小时574千米慢上许多，但这在密接空中支援任务中并不是什么缺点，因为速度太快的话将会减少斯图卡飞行员搜索目标的时间。斯图卡编队在空中四处出没搜索目标，接着呼啸而下，总是使得受到攻击的一方胆战心惊。

在西班牙作战的时候，斯图卡的飞行员了解到提供成功

↓ 1940 年 8 月，斯图卡在法国北部集结，准备空袭英格兰。

↑1941 年 5 月底，盟军舰队在克里特岛的苏达湾遭到德军空袭。在支援德军空降入侵作战的时候，斯图卡的战果是击沉了英国皇家海军巡洋舰“格洛斯特”号（HMS Gloucester）和一些驱逐舰。

密接空中支援的关键，就在于和友军地面单位有良好的通讯，因为他们可以精确地标定敌军阵地位置，然后指挥空中的飞机打击目标。

之后德军在波兰和法国的战斗经验强化了这个观念，并确认了斯图卡战术的效果。此举节省了斯图卡搜寻目标的宝贵时间，也可以确保只和会影响地面战斗结果的目标接战。德国空军在每一个装甲师都派驻了一名所谓的斯图卡管制官（Stukaleiter），这些人会和被指派至前线该地段的斯图卡机队飞行员保持密切联系，把斯图卡和装甲部队结合成一支强大的武力。

斯图卡管制官拥有装甲半履带车，可在车内作业，因此他们可以紧跟着装甲部队挺进，并拥有空地联络无线电，把目标资讯告知负责攻击的飞机。斯图卡号称装甲部队的“飞行炮兵”，但它们带给闪击战的不只是火力而已，它们在深入敌方领域飞行的时候，会提供德军地面部队早期预警的资讯，包括敌军部队力量、动向及地形障碍等。

虽然斯图卡在1939及1940年的闪击战中称霸天空，但当德国空军总司令赫曼·戈林在不列颠之役期间派遣它们轰炸英国的机场时，由于德军的战斗机掩护不力，因此斯图卡的损失相当惨重。

1941年在地中海战区，斯图卡摇身一变成了反舰利器。由于德国空军握有制空权，英国皇家海军的船舰就会在无法拦截的状况下，遭到从意大利和希腊的空军基地起飞的斯图卡机队攻击。斯图卡的俯冲轰炸对付英军军舰可说是格外有效，仿佛是重现德军在1940年敦刻尔克疏散期间获得的胜利，当时德军的飞机击沉将近250艘盟军船只。

斯图卡在地中海战区中作战的最高潮，就是在1941年5月支援德军对克里特岛的空降作战。斯图卡在为缺乏坦克或炮兵支援的德军伞兵炸开盟军的防线后，就把注意力转向奉派前往疏散守军的英国皇家海军船舰，结果总共有9艘英军军舰被德军的俯冲轰炸机击沉，15艘受到重创。

第二次世界大战中最知名的斯图卡飞行员的事业并不是一帆风顺。1938年时，鲁德尔奉命指挥第一支斯图卡中队，但他起步较晚，再加上他没有融入战前德国空军典型的纵情喧嚣生活，因此不受同袍欢迎。32岁的鲁德尔不烟不酒，只要没有飞行勤务，他都把时间花在运动上，几个月

↓在西非沙漠上空对英军和大英国协部队作战的Ju-87机群。斯图卡在1941年12月首度前往北非，由于没有受到盟军战斗机的骚扰，在1942年对托布鲁克（Tobruk）及毕尔哈坎（Bir Hakim）的空袭效果显著。

之后，他就出国接受侦察机飞行员的训练。

在波兰战役期间执行侦察任务后，鲁德尔坚持调回斯图卡机队，虽然要求获得批准，但代价就是无法参与法国战役，因为他要参加飞行训练。鲁德尔这时奉派加入了可能是大战期间最知名的斯图卡联队，也就是第2俯冲轰炸机联队“英麦曼”（Immelmann），这个名字是取自于第一次世界大战的空战王牌飞行员。不过由于鲁德尔和上级长官发生争执，因此他在希腊和克里特岛战役期间都没有升空作战，反而是担任维修军官。

鲁德尔在东线

鲁德尔坚决要驾驶斯图卡参与战斗，最后在该联队其中一个中队担任队长的朋友同情他，答应让鲁德尔在停机坪的维修工作空档期间能够以僚机的身份飞行。他在德军入侵俄国的第一天升空作战，且在接下来的战争期间也几乎是每天升空作战，只除了住院或获希特勒颁发勋章以外。

在东线的中央地段上，第2俯冲轰炸机联队密集参与行动，支援装甲部队朝斯摩棱斯克和莫斯科推进。鲁德尔的名声渐渐传开，因为他坚持要彻底飞完俯冲轰炸的飞行路线，在最后一刻才会拉起机身，以确保炸弹命中目标。

1941年8月，鲁德尔所属的联队移防到列宁格勒战线，当地德军部队正在围攻苏联革命的摇篮。由于德军已经逼近至列宁格勒郊区，几艘困在芬兰湾（Gulf of Finland）中的苏联海军军舰就将舰上的大口径舰炮对准入侵的敌军。

英麦曼联队奉命要击沉这些军舰，其主要的目标就是排水量达26416吨的战斗舰“马拉特”号（Marat）。英麦曼联队于9月21日首度发动攻击，但尽管鲁德尔在穿过1000门高射炮制造的防空火网后投弹命中目标，500千克炸弹却无法穿透该舰的装甲。

当1000千克炸弹运抵英麦曼联队后，鲁德尔再度对“马拉特”号展开攻击。他进行俯冲轰炸攻击，在目标上空300米处才投下炸弹；鲁德尔的炸弹贯穿了“马拉特”号的弹药库，引发了一阵惊天动地的大爆炸。

当“马拉特”号变成一团大火球时，鲁德尔才慢慢适应眼前一片黑暗，挣扎着想办法要重新控制飞机，最后在离海面只有4米的地方才拉起机身，更糟的是后头还有3架苏军战斗机正在追击。鲁德尔因这次攻击行动而获颁骑士十字勋章。

在1941—1942年的苏军冬季攻势期间，英麦曼联队在俄国中部支援饱受压力的德军防线。当一支苏军坦克纵队突破德军防线，威胁到联队的机场

↑斯图卡进行了一次出色的反坦克攻击之后，苏军一辆 T34/85 坦克在机炮的火力下变成一堆残骸，不过苏军能够轻易地吸收这类损失，其坦克制造厂到了 1944 年时正在全力运转。

时，鲁德尔便率领飞机发动空袭，逐退敌军。

在整整3天的时间里，斯图卡进行猛烈打击，使苏军无法越雷池一步，直到党卫军的帝国师赶来解围。到了此时，鲁德尔已经出击超过500架次，并被调回国内训练新的斯图卡中队，但他不打算退出战斗行列，因此马上设法透过关系，让他的中队调到俄国南部，当地的德军正向前推进，准备攻占斯大林在高加索区域的油田。

在斯大林格勒战役期间，鲁德尔被诊断出患了黄疸病，在野战医院里待了几天后，他就离开并回到前线，负责指挥英麦曼联队的其中一个中队。对位于俄国南部的德国空军部队来说，这段日子可说是令人感到绝望。当苏军坦克部队突破德军防线，包围斯大林格勒城中的第 6 军团时，就需要像是鲁德尔指挥的斯图卡中队这样的部队来挡住红军，不过因为苏军不断挺进，横扫一座又一座的德军机场，使得航程短的斯图卡愈来愈难协助被包围的德官兵。

大炮鸟

此时鲁德尔奉召返回德国，准备筹组第一个实验性的反坦克斯图卡部队，该部队拥有配备37毫米炮的 Ju-87 ，这些飞机被工作人员称为“大炮鸟”（Cannon Bird）。鲁德尔率领这个部队前往克里米亚（Crimea），协助对抗苏军在库班半岛（Kuban）进行的一次两栖登陆。在对付载运部队和补给物资至滩头上的登陆艇时，大炮鸟证明格外有效，十分成功，仅仅鲁德尔一个人就宣称击沉70艘船。

由于在库班半岛立下战功，满心欢喜的希特勒亲自颁授骑士十字勋章的橡叶徽饰给鲁德尔；接着他又回到英麦曼联队，负责指挥 Ju-87G-1 反坦克攻击机中队，即时赶上率领该中队参与1943年7月的库斯克攻势。

一如预期，鲁德尔的中队密集参与战斗，支援党卫军第 2 装甲军在卫城行动南部轴线上的攻击行动。他麾下的大炮鸟飞在坦克的前方，拦截并消灭向前线移动的苏军预备坦克纵队。鲁德尔和他的僚机飞行员宣称击毁了许多苏军坦克，光是他一个人就表示在一天之内击毁了12辆T-34。

斯图卡的飞行员从经验中了解到要瞄准苏军坦克的脆弱部位，像是引擎室和炮塔顶，苏军坦克排放的废气对斯图卡的飞行员来说是有用的瞄准点，只要有一枚炮弹命中引擎，就时常会导致大爆炸；实际上苏军会在坦克后方搭载备用的燃料桶，如此一来会使得坦克很容易遭到斯图卡的炮火击毁。

为了准确命中 T-34 坦克，

↓装备机炮的 Ju-87G-1 是经过特别设计的反坦克武器，其两门37毫米口径 Flak18 机炮射击的是钨芯穿甲弹。鲁德尔在 1942年年底参与了 Ju-87G-1 的测试，并且在 1943 年 5月首度驾驶此型机在克里米亚执行战斗任务。

鲁德尔建议把飞机降至15米的高度，这样斯图卡的飞行员才可以把目标看得更清楚。斯图卡的缓慢飞行速度在此就显现出它的价值，因为这使得飞行员有充裕的时间可以把机炮对准目标。

这些攻击有效地打击了苏军坦克纵队，以及在 T–34 坦克引擎舱盖上方搭便车进入战场的步兵的士气。为了对抗斯图卡的威胁，苏军开始把高射炮部署在离坦克纵队更近的地方；为了反制，当鲁德尔的大炮鸟排好队形准备攻击时，他也开始派出2架装备炸弹和机枪的斯图卡在上空盘旋待命，支援的斯图卡会炸射准备对大炮鸟开火的苏军高射炮。此外开始挑战德军在东线上空制空权的苏军战斗机万一出现，他们也会对此提出预警。不过尽管有掩护火力，鲁德尔的飞机在返回基地时经常弹痕累累。

希特勒的库斯克攻势停顿之后，苏军立即对奥勒尔附近的德军部队北翼发动一波巨大攻势，在战线上打开一个大缺口。鲁德尔麾下的坦克猎杀斯图卡机队马上赶往北方，以协助稳定战况，并让地面部队有时间集结。

在这片混乱之中，鲁德尔的座机遭到重创，但他还是设法在德军战线后方迫降，并回到战场。苏军的攻势依然持续，因此英麦曼联队就必须继续把注意力集中在这里，而当第 3 大队队长在战斗中阵亡后，鲁德尔就奉命接任。这时他已经出击大约1500次，亲自击毁了60辆苏军坦克，获颁骑士十字勋章加橡叶和宝剑徽饰。

在苏军于乌克兰进行冬季攻势期间，鲁德尔的斯图卡一次又一次地挽救了德军，并且在1943年11月基洛夫格勒会战（Battle of Kirovograd）中的一次决定性干预行动中达到高潮，鲁德尔和他指挥的飞行员重创了数百辆 T–34 坦克发动的攻击。

此刻，鲁德尔和旗下的斯图卡飞行员已经成了民族英雄，纳粹的宣传广播不断宣称他们击毁了愈来愈多的敌军坦克、挽救了多么绝望的局势、赢得了多少勋章，几乎每天都上头条。对一般的德军士兵来说，鲁德尔率领的坦克猎杀斯图卡是“前线救火队”，因为他们总是会奉命前往战况最激烈的地段敉平敌军。当其他的斯图卡部队都已经换装配备75毫米口径反坦克炮的双引擎亨舍尔 Hs–129，或是福克沃尔夫（Focke Wulf）Fw–190 的对地攻击型，但鲁德尔坚持驾驶可靠的 Ju–87。

鲁德尔的部队是在前线上的简易机场作业，他的地勤人员在天寒地冻中努力以赴，用最少的零件、工具和设备反复地修复受损的飞机，鲁德尔的领导功不可没；一旦升空之后，鲁德尔的飞行员就跟着他进行一次又一次的攻击。他总是以大无畏的姿

↑照片中为在东线上，执行密接空中支援任务的斯图卡飞越一辆SdKfz250半履带地对空通讯指挥车；若要在前线上有效且安全地部署对地攻击机，这类的机动无线电指挥不可或缺。

态现身，甚至当他在敌军领域被击落时，还是可以想办法逃回友军防线，再换另一架斯图卡升空作战。

1944年3月，鲁德尔发动攻击、成功炸毁第聂伯河上的一座桥梁之后，20架苏军战斗机袭击了他的中队，迫使鲁德尔的一名飞行员在红军的占领区迫降；鲁德尔驾机着陆，打算救起他们，但飞机却陷入泥泞中。苏军士兵俘虏了鲁德尔和他的两名同袍，他想办法逃跑，不但游过了一条河，还走了50千米的路；两天后，他终于抵达德军防线，随即又回到天空中。

驾驶斯图卡 G-1 型进行坦克猎杀任务成为鲁德尔的专长。1944年7月，德军中央集团军崩溃，英麦曼联队因此向北移防，来到库尔兰半岛，他们在那里奋不顾身地打了一场又一场战役，到了1944年8月，他宣称击毁了第320辆坦克。

鲁德尔于10月晋升中校，受命指挥他钟爱的英麦曼联队，不过此时此刻他已经没有时间沉浸在往日的光荣里，反而必须率领他的部下前往匈牙利，协助党卫军的装甲师打通一条走廊，前往

↑1943年，一队Ju-87D正翱翔在俄罗斯第聂伯河的上空。Ju-87D是服役的斯图卡系列机种中武装最多的——其载弹量高达1800千克，也可在两翼下吊挂武器荚舱，每个荚舱装有6挺机枪和两门20毫米口径机炮。

营救10万名被包围在布达佩斯的德军部队。苏军的战斗机此时已经在东线的天空横行，对速度缓慢的大炮鸟来说可是相当危险。

在短短的几天里，鲁德尔就被击落两遍，虽然他的腿还裹着石膏，但他还是坚持驾驶斯图卡升空作战。在作战日志里，他已经出了超过2400次任务，宣称击毁463辆坦克，希特勒于是在1945年1月颁赠他骑士十字勋章加金橡叶加宝剑加钻石徽饰，使他成为本级勋奖唯一的得主；希特勒不希望这位德国最高勋章得主继续飞行，但鲁德尔坚持重返战斗勤务，领导联队。

苏军的坦克此时正在朝西利西亚（Silesia）前进，鲁德尔的联队就奉派前往当地，防止局势继续恶化。鲁德尔麾下的斯图卡从德国本土起飞，拯救了几支在往西边的安全区逃跑时被切断的德军部队。

1945年2月，当苏军渡过奥得（Oder）河建立桥头堡时，鲁德尔又率领斯图卡投入战斗。他一个人就击毁了4辆苏军坦克，虽然之后有一架飞机从下方击中他，在勉强飞回基地后，鲁德尔还是继续驾机升空，击毁超过12辆斯大林式坦克。

在另一次攻击行动中，鲁德尔的座机被苏军高射炮击中，炸得四分五裂，后来他在一座野战医院中清醒过来，发现他的左腿已经截肢了。尽管旁人表示他的飞行生涯已经结束了，但这位德国最顶尖的斯图卡飞行员却有别的盘算；仅仅6个星期之后，他就在位于捷克斯洛伐克的基地重新执行飞行任务。当德国在5月投降时，他率领英麦曼联队的残部进行最后一次飞行任务，飞往德国南部美军控制的基地。

坦克杀手

作为战士们的领袖，鲁德尔的成就无人能及，他总是在第一线领导部下，没有几个人可以望其项背。鲁德尔一个人在总计2530次的任务中，就摧毁了517辆苏军坦克，相当于5个苏联坦克军，还要加上一艘战斗舰、一艘巡洋舰、70艘登陆艇、800辆卡车、150门火炮，还有数不清的碉堡、桥梁和补给堆栈，甚至经确认还击落了9架敌机。也许更令人印象深刻的是他被地面炮火击落高达30次，并五度负伤，而他也曾成功拯救6名在敌军战线后方被击落的旗下飞行员。这就是鲁德尔，他把领导部下作战视为军人的最高职责。

↓ 在俄国北部，德国空军军械士正在为一架准备出击的 Ju–87D装弹，时间是在 1943—1944 年的冬季。1941 年底，斯图卡首度在这处战区作战，攻击列宁格勒。

第十三章
德国伞兵：空中猎人

第二次世界大战期间，德国空军是一支独一无二的战斗部队，因为他们拥有一批优秀的空降部队可供差遣。其他国家都是由陆军招募和训练伞兵及滑翔机的飞行员。

现代空降部队最早是由美国的比利·米切尔（Billy Mitchell）将军提出，他在第一次世界大战期间即建议空投几个营的步兵突击敌军的大后方。然而，随着战争于1918年结束，这样的构想也就为人遗忘。直到1927年，意大利军队展开了空降作战的试验；到了1930年，至少训练出两个营的伞兵部队。

苏联亦相当有远见地察觉到空降作战的价值，并于1928年展开实验。至1930年的时候，空降技术的突破已可让小一批的渗透部队于演练中攻占敌方军级的总部。20世纪30年代中期，红军还着手创建一支兵员为1500人的空降大军。

不过，最热衷伞兵作战的国家莫过于德国，因为德国国防军似乎为了闪击战术而为伞兵特别定制服装。

起源

德国伞兵（Fallschirmjäger）于1936年在戈林的推动下成

←1940年，德国伞兵的突击队员成功夺下比利时的艾本艾美尔要塞之后，与元首希特勒留影。许多人认为，像这样的特殊行动——小规模、精挑细选的突击队于夜晚从天而降——是伞兵部队耀眼的作战模式，但德国空军却有更庞大的计划，即派他们担任进攻的主力。

→德国空军在成立伞兵部队之时，汲取了意大利和苏联1920—1930年的发展经验，可是很快就青出于蓝而胜于蓝。况且，他们还有坚固耐用又可靠的载送平台，即容克斯Ju52型运输机。

立。两年之内，一个组织完善的空降师，即第7空降师（Fliegerdivision 7）于库特·司徒登（Kurt Student）少将的指挥下，已可投入战斗。司徒登为第一次世界大战的空战王牌，他起初不愿接管空降部队的事务，最后却成功利用他手边有限的资源，锻炼出一批高效率的军队。

伞兵的训练一开始是在柏林以西约100千米的史坦达（Stendal）进行，但训练学校随后便在德国各地设立，还有巴黎附近的德勒（Dreux）。队员们都要经过16天的训练，并做6次跳伞才能结业。

德国伞兵身着耐穿的斜纹布料制服与专用的皮底大头钉靴，还有特制的无缘头盔、有衬垫的手套、橡胶跳伞靴和附拉链的防水罩衫。在当时，他们就像未来的战士，是脱胎换骨的德国之新部队。

开战之际，德国的4500名伞兵已准备好出击，他们还有12000名运输机载送的第22步兵师支援。尽管德国在1938年与1939年并吞捷克斯洛伐克和奥地利，以及进攻波兰期间，计划派出这群精锐部队，可是直到1940年4月9日才见到德国伞兵展开行动。他们突击丹麦，并参与挪威的那维克之役，空降支援德国山地部队。

进攻荷兰

德国伞兵的首次大规模出击是在1940年5月的荷兰战役。晋升为中将的司徒登率领第7空降师进行一连串的营级兵力跳伞行动，第1伞兵团（FJR 1）还成功夺取摩迪耶克

↓ 照片中为一批德国伞兵降落在北挪威的冰河上。他们部署到那里支援德国山地部队对抗那维克的英军和法军。空中机动赋予了德军快速部署的能力。

（Moerdijk）的两座要桥及多尔德勒赫特（Dordrecht）和瓦尔哈芬（Waalhaven）的桥梁。如此一来，德军地面部队即可迅速跨越河流与泛滥地区，直攻荷兰的防御中心。

史波尼克（Sponeck）中将麾下的第22空降步兵师第65与第47步兵团，在第2伞兵团一个营的开路下，企图攻占荷兰政府、海牙（Hague）和戴尔芙特（Delft）与伊普恩堡（Ypenburg）的机场。他们遭受防空炮火的猛烈攻击，使得降落地点分散于一整片海岸上。不过，德军对鹿特丹机场的突击行动相当成功，部队在第1伞兵团第3营的支援下，还有海牙与法肯堡（Valkenburg）调来的部队为后盾，顺利夺取关键的机场。

艾本艾美尔

与此同时，德国伞兵亦对比利时的艾本艾美尔（Eben Emael）要塞发动一场非凡的突击行动。这座固若金汤的要塞掩护着重要的桥梁，包括跨越艾伯特运河（Albert Canal）的坎尼（Canne）、芙洛恩哈芬（Vroenhaven）与维德威茨（Veldwezelt）大桥。5月10日黎明，10架滑翔机载着第1伞兵团“寇赫突击特遣队”（Koch Assault Detachment）的55名战斗工兵，由鲁道夫·魏齐格（Rudolf Witzig）中尉指挥，空降到该要塞的周边阵地。他们以锥形装药炸弹摧毁了设置120毫

↓ 进攻克里特岛是史上第一场以空降部队为主力的作战行动。超过8000名部队在敌军激烈的抵抗下，搭乘滑翔机和运输机进攻克里特岛。这场战役共有200多架的德国军机遭到击落，大部分的损失为容克斯Ju 52运输机。

↑ 德国伞兵于希腊之役中的表现十分出色，所以他们在克里特岛上蒙受的惨重伤亡引发相当大的震撼。作战期间，德军总共有4000人阵亡或失踪，还有2500人负伤。这次行动之后，希特勒便不再批准大规模的空降作战。

米与75毫米火炮的装甲碉堡，并坚守攻占的要塞长达24个小时，直到第61步兵师来为他们解围。行动中，有6名伞兵突击队员阵亡，20名负伤。

搭乘滑翔机而来的战斗工兵有效压制了兵力约700人的比利时守军，并为德国地面部队打开了大门，使他们能够长驱直入攻向比利时和法国。另外，由滑翔机运输的步兵与伞兵亦成功夺取了横跨艾伯特运河的桥梁。

进兵希腊

德国伞兵的下一场重要行动在翌年于希腊展开。1941年4月25日，战力强化的第2伞兵团企图拿下跨越柯林斯运河（Corinth Canal）的大桥，该运河分割了伯罗奔尼撒半岛（Peloponnese）的南部，若将它攻占，就可进一步追击后撤的盟军。

这座桥梁被敌人破坏之前，一批滑翔机步兵与伞兵混合部队成功予以占领。尽管德国伞兵仅有8人于战斗中丧命，可是当他们正要拆除用来炸毁桥梁的炸药之际，一发零星的炮弹或子弹引爆了炸药，桥上的德军连同大桥一起沉入河底（译者注：该桥爆炸的原因至今仍是众说纷纭）。不过，这场行动只是序幕而已，

→由于舰龄老旧，目前仍在美国海军服役的“派里”级巡防舰多半已卸除其作为主要武装的舰艏Mk13飞弹发射架，离开第一线作战任务。

大规模的空降作战将于下一个月展开。

克里特岛之役

1941年5月，第7空降师的13000名伞兵在司徒登中将的指挥下，协同尤里乌斯·林格尔（Julius Ringel）将军率领的第5山地师，奉命夺取克里特岛，由亚历山大·洛耳（Alexander Lohr）一级上将担任总指挥。他们还有500架战斗机和轰炸机，以及500架运输机与滑翔机的支援。

克里特岛有28000名英国与大英国协的部队驻守，希腊几个营级单位和克里特岛的非正规军亦强化了他们的战力，使得总兵员达到42500人。虽然盟军的装备不佳，而且许多人才刚从希腊半岛撤退过来，却仍然大占上风。因为“极”（Ultra）的解码电文让盟军指挥官伯纳德·佛莱伯格（Bernard Freyburg）少将得以洞悉德军的全盘计划。先前，就是由于“极”的情报，英国部队才能够顺利撤离希腊。

德国的突击行动代号为“水星”（Merkur），在这个作战计划中他们将克里特岛划分成四个空降区，分别为西边的马里门（Maleme），卡尼亚（Canea）和瑞提莫（Retimo），及东边的希拉克里翁（Heraklion）。由于德国没有足够的运输机，所以必须发动两波攻击，时间定在5月20日的早上和下午。第一波攻击由尤金·麦恩德尔（Eugen Meindl）少将率领，他的“西部群”（Group West）将降落到马里门和卡尼亚的空降区。下午，苏斯曼（Süssmann）少将指挥的

“中部群”（Group Center）会降落到瑞提莫；而“东部群”（Group East）则是林格尔中将带领，并由第1伞兵团的部队和第2伞兵团的一个营担任先锋，他们将夺取希拉克里翁的机场，好让第5山地师的人马搭乘Ju52运输机而来。

顽强的抵抗

大英帝国与希腊的部队顽强抵抗，并有效压制住德国伞兵的攻势。降落到瑞提莫和希拉克里翁的德军蒙受惨重的伤亡，未能

←随着德国第二个空降师成立，第7空降师也改番号为第1空降师。西西里之役展开后，他们旋即飞往意大利南部，并部署到该岛作战，企图阻挠势不可挡的盟军。

取得任何进展，只有空降在马里门的伞兵设法找到一处可供掩护的地方，于塔芙罗尼提斯河（River Tavronitis）的干河床上建立据点。

马里门有一块至关重要的高地，称为“第107号点”（Point 107），能够俯瞰整座机场，由新西兰第22营驻守。因为新西兰部队面临强大的压力，加上无可靠的通讯而被迫撤退，结果给了德军绝佳的机会攻占机场，大量的增援也因此涌入克里特岛。

尽管德国人获得最后胜利，可是空降部队的损失十分高昂，共有4000人阵亡，2000人负伤，220架飞机被击落。在这些损失当中，还有许多德军征用的希腊渔船，以载运重型装备。这支由武装快艇护航的船队于夜里遭到英国皇家海军的战舰截击，并引发一场浩劫。

克里特岛战役之后，希特勒乃宣布“伞兵作战的日子结束了”，就是这番话使得德国伞兵被贬抑为地面轻装部队。不然，德军尚可善加利用他们进攻马耳他或塞浦路斯。

伞兵的地面行动

尽管德国伞兵不再进行大规模跳伞作战，却仍是一批精锐地面部队。他们被部署到东线战场、北非、西西里岛和意大利半岛，尤其在卡西诺山（Monte Cassino）的攻防战中令盟军刮目相看。此外，诺曼底、荷兰和东欧的最后保卫战也看得到德国伞兵的身影。在北非、西西里岛、诺曼底和荷兰，他们对抗企

←←照片中，负伤的德国伞兵重返战场之前，正在休息片刻。大战的最后一年，德国伞兵的大部分部队都是由空军多余的飞行组员、通信员和防空炮手组成，已不再是一支精锐部队。

↓ 德国伞兵在1943年和1944年迅速扩张，另编成四个师，但只有第1与第2师为真正的伞兵部队。第1师于大战剩下的日子里部署到意大利作战，并在卡西诺攻防战中扮演关键的角色。

↑ 德国伞兵为精锐的战斗部队，就是因为如此，他们才会被派到最危险的区域作战。结果，德国伞兵蒙受惨重的伤亡或是被俘。照片中的新西兰士兵俘虏了一群德国伞兵，从某种形式上来看，他们为克里特岛上阵亡的大英国协部队报了一箭之仇。

图确保滩头堡或桥梁安全的英国与美国伞兵。卡西诺山之役期间，希特勒还赞扬德国伞兵的表现比党卫军出色。

1943年7月13—14日晚间，盟军在“哈士奇行动”（Operation Husky）下进攻西西里岛。英国第1空降旅的任务是夺取普里马索镇（Primasole）北方的希美托桥（Simeto Bridge）。搭乘滑翔机而来的英国部队散落于各地，他们试图守住希美托桥却被迫撤退。迫使英军撤离的部队正是德国第3伞兵团，还有第4伞兵团的机枪与工兵营。他们从法国南部的基地出发，经由意大利至西西里岛，于7月12日在卡塔尼亚（Catania）机场下飞机后迅速增援该岛的驻军。

拯救墨索里尼

1943年9月13日，德国伞兵教导营（Lehrbataillon）第1连的伞兵们在葛欧格·冯·贝尔雷普许（Georg von Berlepsch）中尉的率领下，协同由奥图·史考兹尼（Otto Skorzeny）中校指挥的一小批党卫军，搭乘12架DFS230型滑翔机前往营救墨索里尼。这位意大利的法西斯领袖遭到新成立的政府逮捕，并关在一处偏僻的旅馆内。这座旅馆位于罗马附近的大萨索（Gran Sasso）高地上，进出只有透过登山缆车，所以空降突击是唯一可行的选择。8架滑翔机成功抵达多岩石的空降区，墨索里尼也因此获救。虽然德国伞兵夺下登山缆车，但史考兹尼和意大利前元首仍冒险乘坐费瑟勒“鹳”式

德国伞兵的运输平台

容克斯Ju52：德国伞兵部队最坚固耐用又可靠的作战及训练机种为Ju52型。这款飞机还充满深情地获得"铁安妮"（Iron Annie）、"容朵拉"（Judula）、"Ju阿姨"（Tante Ju）或"容克斯阿姨"（Auntie Junkers）等称号。Ju52是一款机身侧面平坦的三引擎运输机，附有醒目的波纹状机身与机翼金属外皮。它由二或三名飞行组员操纵，可搭载12名伞兵或17名乘客，但在紧急的情况下经常超载。Ju 52的发动机为3具830匹马力的BMW引擎，最高时速265千米，绝对升限5500米，航程1287千米。1939年—1945年间共生产了3000架左右。

DFS230：DFS230型滑翔机能够搭载10名士兵或承载1288千克的货物。它装置一组可抛弃轮式起落架，降落时则以机身下方的滑橇来着陆。该机的翼展为21.98米，长11.24米，高2.9米。DFS230C型还于机身下方加装火箭推进器作为减速装置。这款滑翔机日后亦充当补给运输机，为东线战场上遭围困的部队运送必需品。大战期间，德国总共生产了1510架的DFS230型滑翔机。

哥特Go242：哥特（Gotha）Go 242型滑翔机于1942年登场以取代DFS 230型。它由两名飞行员驾驶，可承载3600千克的货物或32名士兵。该机的翼展为24.5米，长15.8米，高4.26米。Go 242C型还装置了水上浮筒，好向苏格兰斯卡帕湾的英国皇家海军基地发动突袭。

梅塞施密特Me 321：1940年空降作战的成功却反映出德国缺乏能够载运重型装备的航空器。因此，帝国航空部要求梅塞施密特与容克斯公司设计一款可以承载轻装甲车的巨型运输滑翔机。梅塞施密特Me321型于1941年中期投入服役；然而，随着德国伞兵在克里特岛之役中蒙受惨重的损失使他们沦为地面轻装部队，巨型滑翔机也没有生产的必要了。大部分的梅塞施密特Me 321型后来都被改装成引擎推动的运输机。

（Storch）小型侦察机离开。

爱琴海行动

1943年11月12日，德国第2伞兵团第1营的伞兵又到爱琴海（Aegean）作战。他们担任一批海、空联合突击队的先锋，目标是攻占雷洛斯（Leros）岛，那里由一批英国与意大利部队驻守。这批伞兵降落在一处散播着巨砾的干河床上，而且它还被冲刷成两个部分。速度缓慢的Ju 52运输机遭到猛烈的防空炮火扫射，伞兵们于跳伞前就已蒙受40%的伤亡，空降在这个非常危险的干河床上，又使20%的队员跌断脚。不过，一旦德国伞兵着地之后，英军便招架不住他们的攻击，随着德国再空投一批装备和伞兵，驻守的部队乃被击败。

党卫军伞兵突击队

另外，在1944年有两起空降突击行动并非德国空军的伞兵所为。该年5月25日，党卫军第500伞兵营的队员搭乘滑翔机跳伞至德瓦尔（Drvar）河谷，打算深入虎穴，擒拿南斯拉夫游击队的领袖铁托（Tito）。这场代号为“马步”（Rösselsprung）的奇袭几乎快要成功，却因党卫军伞兵的伤亡太过惨重而功亏一篑。有报告指出，该部队是由志愿者和企图挽回声誉与军阶的党卫军犯人组成，所以被认为是可牺牲的。

后来，这个营重组为党卫军第600伞兵营，而且7月，他们再次乘坐20架滑翔机突击维科尔地区（Vercors）法国反抗组织“马基”（Maquis）的山上据点。党卫军伞兵大肆屠杀法国的游击队成员，并犯下许多暴行。

最后一役

1944年12月15日晚间，战力强化的德国第6伞兵团出击，作为德军阿登森林攻势的一部分。1200百名伞兵在海德特上校（Oberst Freiherr von der Heydte）的率领下，空降到美军防线的大后方，位于马尔梅迪（Malm é dy）附近。由于海德特的手臂在先前跳伞中摔断受伤，所以他使用苏联的三角形降落伞，这是当时最平稳的设计之一。不过，德国的滑翔机飞行员欠缺经验，导致各伞兵营的降落点相当分散。尽管他们的行动引起盟军的注意，却对德国的攻势无所助益。海德特始终未能与地面主力部队取得联系，最后在孤立无援的情况下只有投降。

德国伞兵持续担任地面战斗部队的角色直到大战尾声，但阿登森林之役是他们最后一次的跳伞行动。